마이너리티
세계사

후미를 지키는 임무를 자청하고 침착하게 죽음을 맞이한 명군 레오니다스.

3인의 기사들에게 습격당해 목숨을 잃는 토머스 베켓.

마지막까지 스스로를 '왕'이라 부르지 못한 역사상 가장 불행했던 황비.

디트리히 에크하르트, 이 남자야말로 히틀러를 괴물로 만든 진정한 괴물이다.

역사에 소외된
천재, 기인들의 세계

조르주 퐁팔제, 때로는 강인하고 때로는 부드러운 그의 인상은 많은 여성들을 매료시켰다.

십자군 전쟁에 출전하는 신성로마 제국의 프리드리히 1세.

부르봉 왕조를 연 앙리 4세. 미스터리는 그의 사후에 발생했다.

11세기의 풍속과 당시의 전쟁 모습을 잘 보여주는 귀중한 사료인 바이외 태피스트리에 그려진 헤이스팅스 전투.

부패한 피렌체와 결별하고, 신의 지배를 꿈꾼 사보나롤라.

이탈리아 반도를 공격한 카르타고의 장군 한니발. 그는 고대 로마가 가장 두려워한 최강의 라이벌이었다.

'볼셰비키 최고의 지식인'이라고 칭가받는 부하린. 이야기는 그에게서 시작된다.

경쾌하고 또한 변두리 음악을 예술로까지 끌어올린 사티의 작업은 밸 에로크 그 자체다.

피레주의자의 점형과도 같은 어리석은 황제, 엘라가발루스의 광기가 결국 로마를 멸망으로 이끌었다.

시대를 초월한 천재 수학자 갈루아. 숨 가쁘게 살다 간 그가 세상에 남긴 업적은 너무도 크다.

츠루오카 사토시 지음

윤새라 옮김

마이너리티
세계사

어젠다

머 리 말

역사의 면면을 들여다보면, 수없이 많은 사람들이 역사를 만들어왔음을 알 수 있다. 그럼에도 불구하고 교과서에는 지면의 제약 때문에 역사의 전면에 등장한 가장 중요한 인물, 혹은 현상이라고 볼 수 있는 것들만 조명해왔다. 세계사 교육의 관점에서는 그럴 수밖에 없는 일이었는지도 모른다. 나 또한 입시학원 강사로서 이런 관점으로 세계사의 요점만을 설명해왔다. 이는 내가 30년 동안 변함없이 지켜온 수업 방식이기도 하다.

그러나 나이가 들면서 내가 중시하던 관점, 즉 역사는 역사적 사료에 이름조차 올리지 못한 민중들의 힘으로 형성되고 발전, 축적됐다는 생각이 들었다. 그래서 고등학교 역사 교과서나 세계사 수험 과목에는 결코 등장하지 않는 인물과 현상을 다루고 싶은 마음이 강했다.

모든 역사적인 사건이나 현상에는 민중들의 기대와 바람, 그리고 그에 따른 공감과 반감이 뒤섞여 있다. 그리고 민중들의 기대가 강해져 절정에 달하고 서로의 차이를 뛰어넘어 연대했을 때, 역사는 앞으로 조금씩 전진해왔다. 트위터나 페이스북이 없던 시대, 사람들은 골목의 선술집에 모여 자신들의 시대를 한탄했고, 저항의 목소리를 높여 광장을 향해 걸어 나갔다. 바로 이런 에너지가 혁명과 시대를 바꾸는 원동력이 되었다.

누군가의 노래, 시, 그림 등이 시공간을 초월해 우리에게 무언가를 호소했다면, 혹은 시행착오 끝에 진리의 결정체를 발견하는 감동을 맛보았다면, 그것은 분명 동서양의 문명과 시공을 초월한 공감대가 그 노래와 시와 그림의 밑바닥에 깔려 있었기 때문일 것이다.

이 책에서 다룬 일화들은 역사 전체를 놓고 볼 때 단 한 방울의 물에 불과할지도 모른다. 그것도 더러운 웅덩이에 고인물 말이다. 하지만 이 역사 속 사람들의 목소리에 귀 기울이면, 그 한 방울의 물이 작은 우주로 바뀔 것이다.

역사가는 역사라는 큰 강을 이루는 한 방울의 물이 갖는 의미를 잘 알고 있다. 나는 역사라는 거대한 강을 이루는 한 방울의 물에서 역사를 발견하고, 그것을 이야기하고 싶다.

2012년 7월
츠루오카 사토시

차 례

제2장

제3장

전쟁

戰

제4장

제 1 장

과거의 왕은 전지전능한 권력을 갖는 신성불가침의 존재였다. 유럽에서 명예혁명과
프랑스혁명이 발생하기 전까지, 그리고 일본에서 제2차 세계대전이 끝나기 전까지
는 그렇게 여겨졌다. 그러나 왕의 신비로운 베일이 벗겨지자, 이번에는 그 불가침성을 모
두 벗어던지고 우리와 더불어 살아가는 존재로서의 왕의 모습이 강조되었다. 그리고 신
이 인간으로, 눈에 보이지 않던 존재가 눈에 보이는 존재로 구체화되었다. 하지만 전지전능한
왕의 신화가 통하던 시대에도 민중들은 이미 그런 사실을 알고 있었다. 그래서 민중들은 귀와
코로 시대의 공기를 읽어내고, 또 눈으로 시대의 본질을 파악하며, 때로는 왕에게 저항하기도
했다.

대왕, 선량한 왕, 경건한 왕, 평범한 왕, 어리석은 왕, 잔인한 왕 등등 왕들에 대한 애칭은 다
양했다. 또한 저주 받고, 칭송 받고, 동정 받고, 경멸 받던 왕들도 있었다. 이 장에서는 왕과
왕이 되지 못한 자를 포함해 여덟 명의 삶의 궤적을 소개하려고 한다.

스파르타의 왕 레오니다스의 기백

죽음은 피할 수 없다

헤로도토스는 이집트와 중동 각지를 떠돌며, 각지의 풍속과 정세, 산업 등을 빠짐없이 살펴보았다. 그는 동시대 인물인 페리클레스와 소포클레스와도 가깝게 지내면서 그들을 통해 정치와 예술적 지식을 함양해 명저 《역사》를 집필했다. 이 《역사》의 후편 3권에는 페르시아 전쟁이 상세히 기술되어 있다. 그중에서도 죽음을 각오한 스파르타의 왕 레오니다스가 "나는 이번 전쟁에서 죽을 목숨이다. 그대는 나에게 미안해하지 말고 좋은 상대를 만나 아이를 많이 낳도록 하라." 라고 왕비에게 당부했다는 내용이 있다. 이 대목에서 레오니다스의 인간미를 엿보았다면 너무 과장된 표현일까.

후미를 지키는 임무를
자청하고 침착하게 죽음을
맞이한 명군 레오니다스.

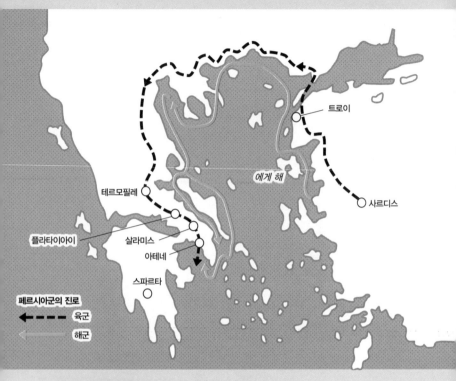

페르시아 전쟁의 개요
기원전 5세기 초, 그리스 세계

그리스 세계를 지킨 자

35년 전, 한여름 햇빛에 눈부시게 빛나는 푸른 에게 해를 왼편으로 바라보며 그리스 제2의 도시 테살로니키를 떠나 아테네로 향했던 긴 버스 여행의 추억을 나는 잊을 수 없다.

아테네로 향하는 복잡한 리아스식 해안가의 국도는 라미아라는 마을에서 좌측으로 크게 꺾였고, 에게 해가 다시 눈앞에 나타났을 때 테르모필레라는 마을로 들어섰다. 운전기사에게 이곳 지명을 듣고 놀란 나는 '이곳이 레오니다스가 전사한 곳이군.'이라고 중얼거렸다. 그리고 숄더백에서 헤로도토스의 《역사》를 꺼내 서둘러 테르모필레의 전투 부분을 펼쳐보았다.

고대 그리스의 성립

고대 그리스는 신비한 세계였다. 지금처럼 그리스라는 단일 국가의 형태로 존재했던 것이 아니었다. 여러 방언으로 된 그리스어를 사용하는 사람들이 수차례에 걸쳐 발칸 반도를 남하하거나 주변 섬에서 넘어왔고, 방언별로 폴리스라 불리는 도시국가를 건설했다. 그리고 이들 집합체를 그리스라 부르게 되었다.

기원전 20세기 이후 남하해온 이오니아인들은 아테네를, 기원전 12세기 이후 남하해온 도리아인들은 스파르타를 건설하고 그곳에 정착했다. 그렇게 차츰 그리스 세계가 형성되었다.

한편 폴리스는 늘 전쟁 상태로 소규모 전투를 계속하고 있었다. 그러나 바르바로이고대 그리스인이 이민족을 '야만인'이라는 뜻으로 낮잡아 이르던 말라고 부르던 이민족이 공격해 오면, 폴리스는 동맹을 맺어 그리스를 방어하기 위해 전력을 다했다.

아케메네스 왕조 페르시아 제국과
그리스의 전투

그리스 세계는 에게 해를 사이에 두고 소아시아 반도와 마주하고 있다. 이 소아시아의 그리스 영토에는 밀레투스, 에페수스 등의 그리스인 식민도시가 존재했는데, 이들은 광대하고 강력한 아케메네스 왕조 페르시아 제국의 지배를 받았다. 그러나 페르시아 제국은 인접한 민족들과 계속 전쟁을 치렀고, 막대한 전쟁 비용을 이들 그리스인 식민도시에 부과했다. 이에 마침내 밀레투스를 중심으로 페르시아에 반기를 든 식민도시들이 그리스 본토에 원조를 요청했다. 이에 분노한 페르시아의 다리우스 1세는 기원전 494년, 밀레투스를 공격했다. 그는 도시를 파괴하고 학살을 자행하면서 그리스인의 간담을 서늘케 했다.

다리우스는 기세를 몰아 기원전 492년, 트라키아지금의 불가리아 남부와 마케도니아를 정복한 뒤, 그리스 상륙을 목표로 페르시아의 대함대를 앞세워 출격했다. 그러나 그리스 편에 선 올림포스의 모든 신들이 폭풍우로 그들을 맞이하자 페르시아의 함대는 산산조각이 났고, 그대로 퇴각할 수밖에 없었다. 극도로 분노한 다리우스는 2년 뒤, 폭정을 일삼은 나머지 아테네에서 추방된 히피아스아테네의 제2대 참주였으나, 스파르타에 의해 아테네에서 추방당한 뒤 다리우스 1세의 그리스 원정 때 길잡이가 되었다를 불러들였고, 에비아 섬에서 아테네령의 마라톤에 상륙했다.

다리우스는 대군을 동원해 단숨에 마라톤을 함락하려 했다. 그러나 밀티아데스가 이끄는 아테네와 플라타이아이의 중장보병군은 오른손에는 5미터가 넘는 긴 창을, 왼손에는 둥근 방패를 들고 자신의 방패로는 왼쪽의 아군을 지키고, 자신은 오른쪽 아군에게 보호받는 밀집장창대형팔랑크스으로 페르시아군을 물리쳤다.

그리스의 기대를 한 몸에 받은
스파르타의 왕 레오니다스 1세

기원전 485년, 다리우스 대왕이 사망하고 적자인 크세르크세스 1세가 즉위했다. 크세르크세스 1세는 부왕의 패배를 설욕하고자 복수심을 불태웠다. 그는 기원전 481년 그리스 원정대의 총사령관으로서 소아시아의 사르디스에 대군을 집결시킨후 그리스 침공의 때를 기다렸다. 이 절체절명의 순간에 그리스인의 기대를 한 몸에 받았던 인물이 바로 스파르타의 왕 레오니다스 1세였다.

스파르타는 펠로폰네소스 반도의 산간 지역에 위치한 폴리스였다. 스파르타에서는 시민들의 열 배에 달하는 노예가 생산노동에 종사했고, 시민들은 그것으로 생활을 영위했다. 스파르타인은 노예들에게 혹독했고, 노예들의 반란을 억누르기 위해 남성 시민에게 엄격한 병역의무를 부과했다. 스파르타 교육이라 불리는 가혹한 의무교육이 바로 이것이다. 또한 스파르타는 실질적으로는 민주정이었으나 국왕의 통치를 받았는데, 당시의 왕이 레오니다스 1세였다.

죽음을 각오한 300명의 전사들

레오니다스의 정확한 출생 연도는 알 수 없으나, 그는 아기아다이 왕조 아낙산드리다스 2세의 셋째 아들로 태어났다. 그러나 두 명의 형이 모두 죽었기 때문에 첫째 형의 외동딸과 결혼해 왕위에 올랐다.

그가 전투에 앞서 델포이의 신탁을 듣자, "너희의 대단히 명예로운 그 도시는 페르세우스 후예들페르시아인의 손에 멸하거나, 헤라클레스의 피를 이은 왕의 죽음을 라케다이몬스파르타의 땅이 애도하게 되리라."라는 것이었다.

이에 레오니다스는 그 자리에서 죽음을 각오하고 다른 폴리스에서 보낸 지원군을 돌려보냈다. 게다가 그 해는 4년에 한 번 열리는 올림피아 제전과도 겹쳐 각 폴리스도 지원군을 보낼 여유가 없었다. 각오를 다진 레오니다스는 300명의 스파르타 정예 부대와 테베군 등을 이끌고 출전했다.

출전에 앞서 레오니다스는 아내에게 "신탁에 따르면, 나는 죽음을 피할 수 없는 목숨이다. 그러니 그대는 좋은 남편을 만나 재혼해 아이를 많이 낳도록 하라."라는 말을 남겼다. 말 그대로 목숨을 바칠 각오로 전쟁에 나선 것이었다.

테르모필레 전투에서 산화하다

그리스 연합군의 군사 회의에서는 페르시아 함대를 아르테미시움에, 지상군을 테르모필레의 좁고 험한 길목에 배치하기로 결정했다. 좁고 험한 길목이라면 소수의 병력으로도 대군을 막을 수 있기 때문이다. 그리고 이곳의 방위를 혼자서 도맡은 인물이 바로 레오니다스였다.

전투가 시작되자 20만 명에 달하는 페르시아군의 규모에 압도된 그리스군의 전선은 혼란에 빠졌다. 크세르크세스도 그리스군의 동요를 감지했고, 그리스군이 싸우지 않고 퇴각하리라

여겨 4일 동안 조용히 지켜보았다. 그러나 퇴각의 움직임은 포착되지 않았고, 드디어 5일 째가 되는 날에 총공격을 명령했다.

테르모필레는 뒤로는 험준한 산이, 눈앞에는 바다가 위치한 좁고 험한 길목으로 가장 좁은 길목의 경우에는 그 폭이 15미터 정도에 불과했다. 때문에 페르시아는 주력인 기병 부대를 투입할 수 없었다. 이에 고전을 면치 못한 페르시아군은 2만 명의 사상자를 냈다. 전투 2일 째 저녁, 크세르크세스는 히다르네스가 이끄는 비장의 불사 부대^{해로도토스는 이들을 가리켜 '불사자} ^{不死者들'이라는 뜻으로 '아타나토이'라고 불렀다}를 투입했다. 그러나 그리스군은 큰 길을 따라 구축된 성벽을 이용해 용감히 저항했고, 이들을 격퇴했다.

한편 페르시아의 척후병은 궁지에 몰리고 있음에도 불구하고 스파르타군이 여유롭게 머리를 빗고 있다는 뜻밖의 사실을 보고했다. 그 의미를 짐작하지 못하는 크세르크세스에게 그리스인 고문은 목숨을 걸고 일을 행할 때는 머리를 손질하는 게 그들의 풍습이라고 말했다. 이에 크세르크세스는 더욱 조바심을 냈다. 이때 에피알테스라는 이름의 그리스인이 크세르크세스에게 레오니다스의 운명을 바꾸는 결정적인 소식을 알려왔다. 산속을 통과해 해안선을 우회하는 샛길이 있다는 것이었다. 이 길을 이용하면 스파르타군의 배후를 칠 수 있었다. 신바람이 난 불사대는 야간 행군으로 이 샛길을 돌파했다. 이 소식을 들은 레오니다스는 퇴각을 원하는 군대들을 돌려보내고, 결사 항전을 다짐하는 1,400명의 병사와 함께 테르모필레에 남기로 결의했다.

레오니다스의 기백이
그리스 세계를 지키다

해안선을 우회한 불사대는 오전에 스파르타군의 배후인 알페노이에 도달했고, 곧이어 격렬한 전투가 시작되었다. 스파르타군은 창이 부러지면 검으로, 검이 부러지면 맨손과 이빨로 맞섰다. 그러나 격전이 지속되자 레오니다스도 힘이 다했다.

　　나그네여, 라케다이몬인스파르타인에게 전해다오. 그들의
　　법에 복종해 우리가 여기에 잠들었노라고.

헤로도토스는 전사한 자들의 비석에 이런 글귀가 적혀 있었다고 기록했다. 그러나 레오니다스와 스파르타군의 희생이 있었기에 아테네 해군은 시간을 벌 수 있었고, 주력 함대의 힘을 비축해 살라미스 해전에서 승리할 수 있었다. 레오니다스의 기백이 그리스 세계를 지켜낸 것이었다.

방탕한 생활에
빠진 소년 황제

찬연히 빛나는 왕관을 쓴
여장한 사내아이가 그곳에 있다

역사에는 어리석은 왕이 셀 수 없이 많았다. 더군다나 이들은 정신적으로 건강하지 못한 경우가 더 많았다. 폭군의 대명사로 유명한 네로는 어머니 아그리피나의 음모로 황제가 되었다. 그는 통치 초기에는 선정을 베풀었다. 그러나 불행한 결혼 생활 끝에 숙부이자 남편인 클라우디우스 황제를 암살한 어머니의 잘못된 사랑이 그를 비상식적인 폭정의 길로 몰아넣었다. 유년기의 경험과 부모의 결혼 생활이 아이에게 미치는 영향은 예나 지금이나 큰 것 같다. 이와 비슷하게 엘라가발루스 또한 성격이상자라고 밖에는 볼 수 없는 왕이었다.

퇴폐주의자의 전형과도 같은 어리석은 황제,
엘라가발루스의 광기가 결국 로마를 멸망으로
이끌었다.

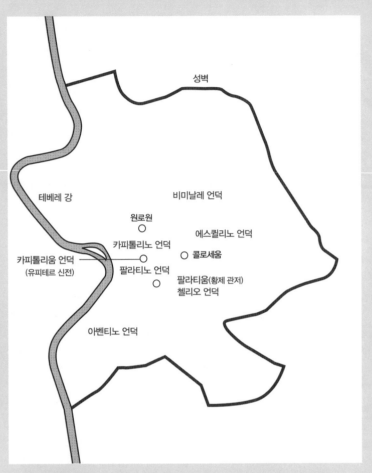

로마 제정기의 수도
3세기경, 로마 주요부

로마 제국의 어리석은 황제들

이탈리아의 영화감독인 페데리코 펠리니가 1세기 로마의 시인이자 네로 황제의 신하였던 페트로니우스의 악한소설惡漢小說《사티리콘》을 제재로 1970년에 발표한 동명 영화를 기억하는이들은 많을 것이다. 영화에서 단연 압권이었던 장면은 트리말키오의 연회다. 극도로 방탕한 광란의 파티를 펠리니는 특유의리얼하고도 해학적인 시선으로 생생히 담아냈다. 로마 제국에대해 대단한 경외감을 갖고 있던 20대 중반인 나의 선입견을완벽히 깨버린 충격적인 영화였다.

칼리굴라, 네로, 도미티아누스 등의 로마 황제 중에는 비정상적이고 잔인한 자들이 많았다. 그 가운데 의외로 알려져 있지 않은 인물이 바로 소년 황제 엘라가발루스다.

태양신의 이름에서 유래한 엘라가발루스

잔혹하고 낭비가 심했던 카라칼라 황제가 217년 4월 8일 메소포타미아에서 모살되면서 마크리누스가 황제의 자리를 차지했지만, 그에 대한 평가는 좋지 않았다. 카라칼라의 숙모 율리아 마에사는 이 어지러운 정국을 고향인 시리아의 에메사에서주시하고 있었다. 그녀는 과부였던 자신의 딸 율리아 소아이미아스의 열네 살짜리 아들인 소년 바리우스 아비투스를 황제로 추대하려 했다. 그리고 이를 강력하게 주장할 명분을 찾던 끝에 아비투스를 율리아가 카라칼라와 내통해 낳은 아들이라고 속이기로 한다. 자신의 딸을 아무 거리낌 없이 간통녀로 만드는 악독한 어머니가 아닐 수 없다. 바리우스 아비투스는 218년 5월 16일 밤에 에메사에 주둔하던 군대에 잠입했고, 아침이 되자 환호 속에 황제가 되었다. 마크리누스 황제는 반란이라며 군을 파견했으나 패배했고, 결국 참수형에 처해졌다.

로마 황제는 원로원 의원이자 이들 가운데 1인자primus inter pares'로 원로원의 천거를 받는 것이 관례였다. 그러나 5현제 시대96~180년 : 네르바, 트라야누스, 하드리아누스, 안토니누스 피우스, 마르쿠스 아우렐리우스의 다섯 황제를 말한다가 지나자 그런 규칙은 무시되었고, 돈과 군사력으로 모든 일이 결정되었다.

바리우스 아비투스는 라틴어로 엘라가발루스, 혹은 헬리오가발루스라 불리던 에메사의 토착 태양신인 엘라가발'산에 거주하는 신'을 뜻한다의 사제를 담당하던 집안 출신으로 당시 이 소년이 사제를 맡고 있었다. 소년은 당돌하게도 태양신의 이름을 그대로 사용한 것이다.

여장한 사내아이가 황제라니

황제 일족은 시리아를 떠나 로마를 향했다. 바닥이 평평한 원추형의 거대한 검은 돌을 신체神體로 모셨기 때문에 일행이 로마에 도착하기까지는 시간이 많이 늦어져 219년 초가을이 되어서야 겨우 제국의 수도에 도착했다.

사람들은 위엄 있는 황제 일행의 도착을 목이 빠지도록 기다렸는데, 황제의 모습을 보는 순간 '악' 하고 놀라지 않을 수 없었다. 땅에 닿을 듯 긴 소매에 금색 실로 장식된 보라색 사제복으로 몸을 감싸고, 화려한 장신구로 호화롭게 치장한 채 머리에는 찬연히 빛나는 왕관을 쓴 여장한 사내아이가 그곳에 있었기 때문이다.

결혼과 이혼을 반복한 음탕한 황제

과연 그의 일상은 놀라움의 연속이었다. 황제의 왕성한 이상 성애는 사람들의 호기심을 자극했다. 요즘 시대였다면 분명 연예정보 프로그램에서 최고의 먹잇감이 되었을 것이며, 높은 시청률을 보장할 만한 추문으로 사람들의 지루한 일상을 들끓게 했을 것이다.

한편 음탕한 황제의 첫 번째 희생양은 명문 귀족 가문 출신의 코르넬리아 파울라였다. 황제는 220년, 수도의 시민과 병사들에게도 연회가 베풀어진 호화로운 결혼식을 올리기가 무섭게 자신의 이상 성애를 받아들이지 않았다는 이유로 그녀와 이혼했다.

 황제는 같은 해 말, 하필 이번에는 화로의 여신 베스타를 모시는 무녀 아킬리아 세베라에게 결혼을 강요했다. 이는 그녀에게 엄청난 금기를 깨뜨리도록 강요하는 일이었다. 베스타의 무녀는 공동생활을 하며 성스러운 불을 지키는 임무를 맡고 있었다. 어려서부터 신의 부름을 받은 그녀들은 깨끗한 몸을 유지하기 위해 처녀성을 지켜야 했다. 이를 어길 경우 산 채로 매장되는 무시무시한 법도가 존재했는데, 엘라가발루스는 자신과 결혼하면 신의 아이를 임신하는 셈이 된다는 이유로 그녀에게 결혼을 강요했던 것이다.

 세상 사람들은 분명 금기를 무시하는 황제의 억지 소행을 비난했을 것이다. 결국 이 결혼도 반년 만에 파경을 맞았고, 황제는 마르쿠스 아우렐리우스 황제의 피를 이은 애니아 파우스티나와 재혼했다. 놀랍게도 그녀에게는 남편이 있었는데, 그를 처형시키고서 치른 결혼이었다고 한다. 그러나 이 결혼 생활도 순탄치 못했고, 황제는 다시 세베라와 살림을 차렸다.

비상식적인 트랜스젠더

또한 그의 비상식적인 음행은 가관이 아니었다. 로마의 명물인 공중목욕탕에서 여탕에 들어가 여자들에게 탈모제를 발라 줬

다든지, 매일 밤 수상한 여자들을 침실로 끌어들여 그녀들의 추태를 관찰했다든지 하는 일화가 넘쳐난다. 이뿐만이 아니다. 사료에는 다음과 같은 내용도 있다.

> 황제는 밀정을 파견해 거대한 남근을 가진 남자들을 찾도록 했다. 그리고 그들을 궁정으로 불러들여 정사를 나누는 일에만 몰두했다. (궁정에서 연극을 하다가) 돌연 옷을 모두 풀어헤치고 알몸이 되어 한 손은 가슴에, 또 한 손은 음부에 댄 채 무릎을 꿇고 배덕한 자에게 엉덩이를 들이대며 허리를 앞뒤로 흔들었다.
>
> ─《로마 황제 우제愚帝 열전》, 신포 요시아키, 고단샤

엘라가발루스의 이러한 미치광이 같은 행동은 멈출 줄 몰랐다. 그는 여장을 하고 마을로 나가 호객행위를 하기도 했고, 급기야는 궁정 내에 매춘소를 마련해 알몸으로 입구에 서서 커튼을 흔들며 달콤한 목소리로 신하와 경비병들을 유혹했다고 전해진다.

한편 황제가 총애하던 남색男色은 소아시아 출신의 금발 노예 히에로클레스였다. 황제는 두껍게 화장을 하고 그의 부인 행세를 했다. 게다가 부정한 여자라는 소문을 좋아해 다른 남자들과도 관계를 가졌다. 그 사실을 안 히에로클레스가 자기

의 부인으로 분장한 황제의 부정함을 나무라며 구타하는 일
도 종종 있었는데, 황제는 까맣게 멍든 눈두덩을 보면서도 기
뻐했다고 한다. 이는 정신이상, 혹은 트랜스젠더의 성도착이라
하지 않을 수 없다.

신들의 분노와 허망한 종말

그러나 멈출 줄 모르는 황제에게도 죽음의 그림자가 다가오고
있었다. 로마는 다신교 사회로 유피테르, 베스타 등 여러 신들
의 신전이 캄피돌리오 언덕지금의 카피톨리노 언덕에 안치되어 있
었다. 또한 대제국으로 발전한 로마에는 각지에서 여러 신들이
들어와 기존의 로마 신들과 공존하고 있었다. 페르시아에서 기
원한 미트라교 등은 그리스도교 국교화 이전에 많은 사람들이
숭배하던 종교였다. 그런데 황제는 엘라가발루스 신을 로마의
주신主神으로 삼았던 것이다. 그리고 팔라티움 언덕에 앞서 언
급한 운석을 신체로 모신 웅장하고 화려한 엘라가발리움을 건
설했다.

  어느 날 여느 때와 마찬가지로 추하게 여장한 황제가 악기
를 든 정체 모를 한 무리의 여자들을 이끌고 에로틱한 춤을 추
며 신전을 향했다. 그리고 도살한 동물의 피를 섞은 와인을 바
치며 향을 지폈다. 황제는 미치광이처럼 춤을 추며 신전 주변

을 돌다가 모두가 무아지경에 빠졌을 때 살아있는 소년을 제물로 바쳤다고 전해진다.

이 같은 황제의 소행에 드디어 로마의 시민들이 분노했다. 222년 3월 11일, 한 무리의 근위병들이 궁정으로 밀려들어 왔고, 황제와 그의 어머니는 참혹하게 살해되었다. 시신은 격분한 시민들에 의해 시내에서 끌려다니다가 난도질을 당한 후, 테베레 강에 버려졌다고 한다.

불멸의 로마 제국

로마는 대제국이다. 그러나 엘라가발루스와 같은 비상식적인 황제의 통치를 받으면서도 어떻게 조금도 동요하지 않았는가 하는 소박한 의문은 남는다.

황제는 고시告示를 선포하고, 지방의 관료들에게 명령을 내리며, 재판을 감독하고, 백성들의 청원을 듣고, 외국의 사절을 맞이하는 등의 직무로 매우 바쁜 자리다. 때문에 제국 각지에서 모인 우수한 관료들이 황제를 보필하고, 이로써 로마 제국은 반석같이 굳건한 지배 구조를 이어올 수 있었다고 생각할 법하다. 그러나 사실 제국의 통치 구조는 지극히 비체계적이었다.

관료라 부를 만한 인원은 300명 정도로 황제는 그들에게 행정상의 결정권을 위임했다. 관료는 원로원 의원 중에서 충원

되기 때문에 대다수는 행정 경험이 없는 자들이었다. 그러나 의원들의 최종 목표는 공화정 시대의 최고 관직으로 제정기에도 형식적으로 존재했던 콘술집정관이 되는 것이었기 때문에 여러 관직을 두루 경험하며 경력을 쌓아야 했다. 때문에 전문 지식 없이도 콘술 자리에까지 오를 수 있는 확실한 방법으로 관료를 택했던 것이다.

그리고 실제로 시민들의 생활을 챙겼던 것은 도시의 명망가들이었다. 그들은 대부분 개인 자산으로 공공사업을 시행했고, 각 도시의 실정에 맞는 행정상의 필요를 충족시켰다. 황제도 도시에는 간섭하지 않았기 때문에 지방 자치는 안정적으로 유지되었다. 세금 징수도 주먹구구식으로 행해졌고, 대부분은 강제로 얻어낸 기부금으로 충당했다. 치안도 나빠 도시와 시민은 스스로 안전을 지켜낼 수밖에 없었는데, 이것이 반란이라는 형태로 황제의 횡포를 막는 암묵적 힘이 되었다.

게르만족의 침입과 로마 제국의 분열

이처럼 중앙집권과는 거리가 먼 지배 형태, 속주와 지방자치에 일임한 느슨하고 작은 정부의 비체계적인 지배가 오히려 광대한 로마 제국을 유지시킨 비밀이었다. 그러나 3세기에 들어서자 사태는 완전히 달라진다. 게르만족의 침입이 차츰 빈

번해진 것이다.

여러 부족이 동맹을 맺은 게르만족은 북쪽 변경에까지 밀려오기 시작했다. 흑해 주변에서는 고트족이, 라인 강 상류 지역에서는 알라만족이, 하류 지역에서는 프랑크족이 몰려왔고, 메소포타미아에서는 사산 왕조 페르시아가 위협해왔다. 그때마다 로마의 대군은 변경 지역으로 향했다. 길가의 마을들은 이거대한 군대를 먹여 살려야 했다. 식량과 돈, 숙박을 위한 주거 제공으로 사람들의 삶은 피폐해졌다. 결국 물자 부족으로 물가가 급등했고, 시민들은 극심한 인플레이션에 시달렸다.

거대한 로마 제국은 급속히 무너져 내렸다. 급기야는 변경지대를 방위하던 군대가 자신들의 사령관을 멋대로 황제로 추대하는 사태, 이른바 군인 황제 시대가 시작되었다. 이로써 대제국 부활의 가망은 없었다. 이렇게 로마 제국은 동서로 분열되었다.

> 영적인 것은 모두 꿈이나 연기와 같이 공허하다. 인생은 투쟁이고, 나그네의 행로이며, 사후의 명성은 망각에 불과하다.
> —《자성록》, 마르쿠스 아우렐리우스

전쟁터에서 이런 말을 남긴 철인 황제 마르쿠스 아우렐리우스의 시대가 불과 반세기 전의 일이었는데 말이다.

바르바로사
신화

황제는 살아있으나 살아있는 것이 아니다

중세 독일에는 프랑스 카페 왕조의 군주들, 즉 필리프 2세나 루이 9
세, 필리프 4세와 비견할 만한 군주가 등장하지 않았다. 때문에 슈
타우펜 왕조의 프리드리히 1세와 프리드리히 2세의 등장으로 독일이
중세 국제정치에 큰 영향을 미쳤다는 사실은 국가 통일에서 뒤처진
독일인, 특히 근대 독일 역사가에게 큰 의의가 있었다. 특히 바르바
로사('붉은 수염'을 뜻하는 이탈리아어)라는 이름으로 사랑받던 프리드리
히 1세가 그 뜻을 다 이루지 못한 채 비명횡사하자, 후에 프리드리히
신화가 탄생하게 되었다.

십자군 전쟁에 출전하는
신성로마 제국의 프리드리히 1세.

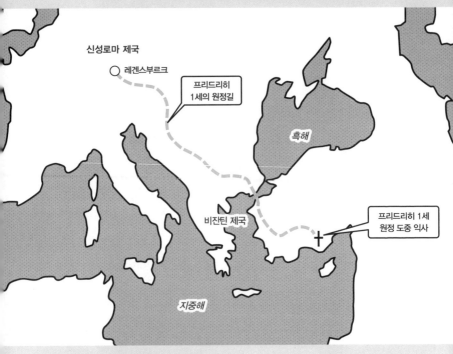

제3차 십자군(프리드리히 1세)의 주요 원정길
12세기 말, 유럽에서 소아시아에 이르는 지역

지금까지도 사랑받는
붉은 수염왕

입시학원 강사라는 직업을 가진 나의 가장 큰 걱정은 고등학생들이 세계사를 기피한다는 것이다. 이러한 현상의 가장 큰 이유 중의 하나는 유럽의 국왕 이름 뒤에 '1세', '2세'와 같이 숫자가 붙기 때문이다. 숫자만 하나 틀려도 전혀 다른 인물이 통치하던 시대가 된다.

프랑스의 루이와 샤를, 독일의 프리드리히와 하인리히, 영국의 헨리와 조지 등 확실히 헷갈릴 만하다. 이것이 고등학생들이 세계사를 멀리하는 가장 큰 이유일 수도 있다. 하지만 그것은 서양인도 마찬가지다. 그래서 서양인들은 인물의 특징을 잡아 별명을 붙여 함께 표기하는 방법을 사용한다.

예를 들어 프랑스의 필리프 4세는 미남왕, 영국의 존은 실지왕失地王, 땅을 빼앗긴 왕이라 불린다. 그중에서도 신성로마 제국의 프리드리히 1세는 붉은 빛이 도는 금색 수염 때문에 '붉은 수염왕'이라고 불리며 지금까지도 사랑받고 있다.

신성로마 제국의 실상

로마 제국은 테오도시우스 황제 시대에 그리스도교를 국교로 정하면서 로마 제국의 정신적 통일을 도모했으나 성공하지 못했다. 결국 황제 사후에 동서로 분열되었고395년, 약체인 서로마 제국은 게르만족에 의해 멸망하고 말았다476년.

그 후 민족대이동의 거친 파도에 휩싸인 서로마의 황폐함을 뒤로하고 동로마 제국통칭 비잔틴 제국만이 로마 제국을 계승한 정통 국가로서 흥망성쇠 속에서도 천 년 동안 명맥을 유지해 왔다.

또한 황제가 교황을 겸하는 황제 교황주의를 유지했기 때문에 성속일체인 비잔틴 황제의 위엄은 절대적이었다. 그리스도교의 중심도 자연스레 콘스탄티노플로 옮겨가, 왕권 등 세속적 권위를 갖지 못한 로마 교황은 정통성을 주장하는 데에 혈안이 되어 있었다.

그러나 서로마의 땅에도 게르만족이 정착하면서 프랑크 왕국이 세워졌다. 특히 샤를마뉴의 출현으로 서로마 제국은 부활하게 된다.

샤를마뉴가 현재의 독일, 프랑스, 이탈리아, 베네룩스 3국, 스위스를 아우르는 프랑크 왕국을 완성했을 때, 교황 레오 3세는 그를 서로마 황제로 임명했고 로마에서 대관식을 거행했다800년. 이는 동로마 황제에게 프랑크 왕국이 서로마 제국을 실질적으로 부활시켰다는 강한 인상을 심어 주기 위함이었다. 그만큼 로마 제국의 이름은 유럽에서 자기장 같이 강한 힘을 갖고 있었다.

로마 황제, 최고의 세속 권력

그러나 샤를마뉴의 아들인 루트비히 1세재위 814~840가 죽자마 자 프랑크 왕국은 서프랑크프랑스, 동프랑크독일 서부, 중프랑크북 이탈리아로 분열되었다. 이 기간 동안에도 노르만족과 아시아계, 슬라브계 민족이 끊임없이 침입했고, 급속히 세력을 키운 이슬 람도 위협을 가해왔다. 프랑스, 독일, 이탈리아는 각각 막대한 피해를 입었다. 이런 가운데 동프랑크 왕국은 가까스로 이 민 족대이동을 막아낼 수 있었다.

그 결과 작센 가문의 하인리히 1세가 국왕으로 선출되었다. 그의 아들인 오토 1세오토 대제는 프랑크 왕국이 분열된 후 이 탈리아중프랑크 왕위에 오른 로타르의 과부 아델하이트가 어려 움을 겪고 있다는 소식을 듣고 951년에 이탈리아를 침공했다. 그 후 그녀와 결혼해 이탈리아 왕위를 획득함으로써 북이탈리 아를 수중에 넣었고, 마자르족헝가리인을 레히펠트 전투에서 물 리쳤다955년. 또한 열여덟의 나이로 즉위한 젊은 교황 요한 12 세옥타비아누스를 마음대로 주무르려 한 제후들을 제압해 교황 을 역경에서 구해냈다.

교황은 이에 대한 보답으로 오토 1세에게 신성로마 제국의 관을 씌워주었다962년. 오토 1세는 로마 황제라는 최고의 세속 권력을 손에 넣는데 성공한 것이다. 이로써 독일 왕권이 로마 교황과 모든 가톨릭 교회를 수호한다는 이념이 확립되었고,

교황으로 상징되는 보편적인 종교적 권위와 이를 호위하는 황제가 지배하는 초국가적 영역이 형성되었다. 이것이 신성로마 제국이다'신성로마 제국'이라는 호칭이 정식으로 쓰이기 시작한 것은 1254년 이후부터.

혼돈의 독일, 선거로 황제를 선출하다

이로써 오토 1세는 독일에서의 권력 기반과 서유럽 세계에 대한 지도적 지위를 확립한 듯 보였다. 그러나 일은 그리 쉽지 않았다. 사실상 독일은 유력한 제후들이 나누어 지배하고 있었고, 제후들은 자기 영지의 지배권 강화와 영지 확장을 위한 항쟁을 계속했다. 때문에 신성로마 제국이라 불렸다 한들 실질적으로는 제후들 중의 일인자 정도의 의미 밖에 없었고, 황제권은 미약했다. 따라서 '다음 황제는 나'라고 생각하는 야심가들 때문에 독일은 늘 혼돈에 빠져 있었다. 게다가 서임권 투쟁성직자 임명권을 두고 로마 황제와 교황이 벌인 분쟁이 교황과 황제의 밀월 관계를 파탄으로 몰고 갔고, 그 사이 독일은 영국과 프랑스에 뒤쳐지게 되었다.

이와 같은 정세 때문에 독일에서는 제후들을 누르고 "내가 황제다!"라며 국내외를 이해시킬 만한 인물이 나타나지 않았다. 때문에 제후들은 선거를 통해 황제를 선출했다. 그러나 모든 선거 때마다 분규가 끊이지 않아 황제권은 부재했다.

영명한 프리드리히, 후계자로 지명되다

작센 왕조를 대신해 잘리에르 왕조가 황제 자리를 이어 받았
는데, 잘리에르 왕조의 하인리히 4세는 교황과의 서임권 투쟁
에서 패배해 '카노사의 굴욕'1077년이라 불리는 불명예스런 사
건을 당하고 말았다. 이로 인해 잘리에르 왕조가 단절되자 황
제 선거에서는 호엔슈타우펜 가문의 콘라트 3세가 최다득표를
얻어 독일 왕으로 선출되었다. 제후들은 강력한 인물을 황제로
선출하면 자신들의 세력이 흡수된다고 생각해 일부러 약체인
콘라트를 독일 왕으로 선출한 것이었다. 이런 이유로 벨프 가
문의 하인리히 사자공1129~1195년이 이에 이의를 제기했는데,
콘라트도 노련하게 독일의 각 제후들과 손잡고 슈타우펜 왕조
의 세력 확대를 위해 노력했다.

1152년, 죽음을 앞둔 콘라트는 친아들 대신 영명한 조카 프
리드리히를 후계자로 지명했다. 프리드리히 1세의 아버지는
슈타우펜 가문의 프리드리히 독안공獨眼公이었고, 어머니는 벨
프 가문의 작센·바이에른 공의 하인리히 사자공의 여동생 유
디트였다. 대립했던 양 가문의 피를 이어 받은 데다 신망이 두
터웠던 프리드리히는 사람들의 기대를 한 몸에 받으며 혼돈

의 중세사 무대에 그 첫 발걸음을 당당히 내딛었던 것이다. 프리드리히 1세1122~1190년에 대해 당시의 연대기는 다음과 같이 기술했다.

> 균형 잡힌 신체, 두툼한 앞가슴, 탄탄한 몸을 가진 남자다운 인물이었다. 손은 놀랍도록 아름다웠다. 이목구비는 반듯하며 표정은 침착했고, 감정이 격하게 요동칠 때라도 옆에서 보면 미소 짓고 있는 듯 보였다. 얼굴색은 희고 붉은 빛이 감돌았다. 곱슬곱슬한 머리칼과 수염은 붉은 빛의 금발로 눈은 맑게 빛났고, 눈부시도록 흰 이빨은 그의 용모를 전체적으로 밝게 만들었다.
>
> ─《신성로마 제국》, 기쿠치 요시오, 고단샤

이 글만 보더라도 당시 사람들이 그에게 얼마나 큰 기대를 걸었는지 알 수 있다. 독일과 이탈리아를 혼돈에 빠뜨린 가장 큰 원인이었던 슈타우펜 가문과 벨프 가문 간의 싸움에 종지부를 찍어줄 인물이 다름 아닌 그였기 때문이다.

이탈리아 정책에 농락당하다

프리드리히 1세는 고대의 로마 제국처럼 로마법에 따라 황제권의 근거를 마련해 제후들을 상대로 황제권의 확립을 도모했다. 또 자신이 '로마 황제'의 칭호를 사용하는 만큼 이탈리아에서의 황제의 모든 권리를 되찾겠다는 강한 의지를 갖고 있었다. 이런 이유로 자신의 종주권을 인정하지 않는 이탈리아의 도시를 징벌하기 위해 이탈리아를 침공했다. 이에 당시 경제적으로 앞서가던 북이탈리아의 도시들은 베네치아, 베로나, 밀라노 등을 중심으로 롬바르디아 도시 동맹을 결성했다.

프리드리히는 밀라노를 징벌하기 위해 1154년 북이탈리아를 침공했고, 이것이 여섯 차례에 걸친 이탈리아 침공의 시작이 되었다. 또 원정길에는 슈타우펜 가문의 숙적이었던 하인리히 사자왕도 종군했기 때문에 사람들은 슈타우펜 가문과 벨프 가문이 화해한 것으로 생각했다.

1158년 프리드리히는 다시 밀라노를 침공해 함락시켰다. 롬바르디아의 14개 도시에는 연 3만 파운드의 상납금이 부과되었다. 그러나 이러한 과도한 요구 때문에 황제를 지지하던 황제파기벨린 당의 크레모나와 페라라 등의 도시들도 반황제파로 돌아섰고, 밀라노의 주도하에 다시 프리드리히에게 대항했다. 그러나 대항한 보람도 없이 밀라노는 산산조각이 났다. 그런데 이즈음부터 하인리히 사자공은 이탈리아 원정을 주저하게 되었고, 제4차 원정 종군을 거부하기에 이른다. 또 독일의 제후들도 슈타우펜 가문의 세력 강화를 우려해 종군을 거부하게 되었다.

그 결과 1176년 5월, 프리드리히는 밀라노 서북부에서 벌어진 레냐노 전투에서 롬바르디아 동맹군에게 패해 1183년에 평화 조약을 체결했다. 이로써 30년에 걸친 항쟁은 끝이 났다. 그러나 이탈리아 정책의 대가는 비쌌다. 황제가 독일을 떠나 있는 사이 제후들은 영지 운영에 힘을 실어 독립성을 더욱 강화했고, 결과적으로 독일은 분열되었다. 영국과 프랑스에서 국왕이 제후들을 누르고 순조롭게 왕권을 강화했던 것과는 대조적으로 독일의 분열 상태는 더욱 심각해졌던 것이다.

교황과의 세력 다툼

서임권 투쟁에서 잘리에르 왕조의 하인리히 4세가 교황 그레고리오 7세에게 굴복한 이후 황제는 더욱 열세에 놓였다.

독일 국왕이 신성로마 황제가 되기 위해서는 교황이 관을 내려주어야 했다. 게다가 대관식에서 국왕은 황제의 관을 하사하러 온 교황의 말등자를 무릎을 꿇은 채 받치는 선례가 있었다. 이는 황제 입장에서는 최대의 굴욕적 행위였다. 그렇지 않아도 '내가 왜 교황에게 황제의 관을 내려 받아야 하는가. 독일을 지배하는 건 내가 아닌가!' 하고 생각하는 마당에 많은 사람들 앞에서 말등자를 받치는 굴욕적인 행위를 해야 했으니

'나는 교황의 신하가 아니란 말이다!'라고 분노하는 것은 당연했다.

프리드리히는 신성로마 황제가 되기 위해 1155년, 이 굴욕적인 대관식에서 관을 받았다. 한편 그에게 황제의 관을 내린 유일한 영국인 교황 하드리아노 4세재위 1154~1159는 가신家臣 프리드리히에게 강압적 태도를 취하며 신성로마 제국은 교회의 봉토라고까지 선언했다. 이때 재상인 라이날트 폰 다셀은 교황에게 반격을 가할 방법을 생각해냈다. 그것은 다음의 성서 속 한 구절이었다.

제자들이 "주여 보소서! 여기 검 둘이 있나이다." 대답하시되 "족하다." 하시니라.

— 〈누가복음〉 제22장 38절

다셀은 프리드리히에게 두 개의 검은 교황권과 황제권을 뜻하며, 예수가 족하다고 하신 이유는 두 개의 검 모두 신이 주신 것이니 교황권과 황제권이 동등한 것이라 해석할 수 있다고 진언했다. 이에 프리드리히는 이 이념을 널리 알리기 위해 제국을 '신성제국'이라 명명했다. 즉, 황제가 통치하는 제국은 신이 직접 성별聖別했음을 나타내고자 한 것이다.

이후 다음 교황으로 알렉산데르 3세재위 1159~1181가 즉위하자 프리드리히는 두 명의 대립 교황을 세워 대항했다. 이에 1165년 교황은 황제를 파문했다. 그러나 레냐노 전투1176년 신성로마 황제의 권위를 높이기 위하여 프리드리히 1세가 롬바르디아 도시동맹과 벌인 싸움에서 황제가 패했기 때문에 프리드리히는 교황과 화해할 수밖에 없었다.

프리드리히 신화의 탄생

1189년 10월, 교황 클레멘스 3세의 요청으로 프리드리히는 제3차 십자군 총사령관으로 20만 명 이상의 군대를 이끌고 콘스탄티노플을 경유해 시리아로 향했다. 그리고 이듬해인 1190년에는 소아시아의 코니아를 돌파해 안타키아로 향했다.

더위가 맹렬한 기세로 내리쬐는 6월 10일, 프리드리히는 토로스 산맥 기슭의 살레프 강에서 미역을 감았다. 그런데 이때 뜻밖의 일이 발생했다. 이에 대해 무슬림 연대기 작가인 이븐 알아티르는 다음과 같은 글을 남겼다.

> 그는 겨우 허리까지 닿을 정도의 강물에서 익사했다. 그의 군대는 사방으로 흩어졌다. 독일인은 프랑크그리스도 교도의 군세 중에서도 그 수가 많고 완고한 민족이었는데, 이리하여 신은 무슬림들로 하여금 그들의 악의에서 벗어날

수 있게 한 것이었다.

—《아랍이 본 십자가군》, 아민 말루프,

무타구치 요시로·아라카와 와카코 역, 치쿠마쇼보

　그의 사인에 대해서는 심장 발작이라는 설도 있으며, 암살이라는 설도 있지만, 그 진상은 밝혀지지 않았다.

　이례적으로 민중들에게 사랑받았던 황제의 죽음을 사람들은 받아들이지 못했고, 후에 '프리드리히 신화'가 탄생했다. 이 신화는 튀링겐 하르츠 산맥의 키프호이저 산의 동굴 속에서 부하와 함께 잠들어 있는 프리드리히 1세가 까마귀가 산 주변을 날아다니는 것을 멈추면 부활해 독일을 종말에서 구한다는 내용이다. 이 신화는 1250년, 프리드리히 1세 못지않게 영명했던 슈타우펜 왕조의 프리드리히 2세가 죽었을 때, 한 여성 예언자가 '황제는 살아있으나 살아있는 것이 아니다.'라는 수수께끼 같은 말을 남긴 것에서 유래됐다. 그리고 중세 말기에 이 신화의 주인공이 프리드리히 1세로 바뀌었고, 나폴레옹 점령기에는 독일 해방에 대한 희망을 품고 널리 유포되었다. 이를 본떠 1941년 6월 22일, 히틀러가 독소불가침조약을 깨고 소련을 침공했을 때의 작전명도 '바르바로사 작전'이라고 이름 붙게 되었다. 다행스럽게도 붉은 수염왕은 눈을 뜨지 않았지만 말이다.

지옥에 떨어진 교황

내 목을 가져가라

그리스도교가 공인된 지 얼마 안 된 초기 그리스도 교회 시대와는 달리 왕권 및 제후와의 관계를 강화한 가톨릭 교회는 급속히 세속화되었다. 특히 십자군 원정은 교황의 권위를 단숨에 드높여 성지 탈환이라는 본래의 목적을 실현하지 못하게 된 후에도 교황은 세속 권력에 대한 우위를 주장했다. 그 결과 교황과 고위 성직자들의 사치스런 생활은 절정에 달해 이미 성직자라 하기 어려울 정도로 부패하고 타락해 있었다. 교황 보니파시오 8세의 생애는 그런 시대상을 잔인하게 비춘 거울이었다.

'신의 대리인'이 아닌 '욕망의
대리인'이었던 보니파시오 8세.

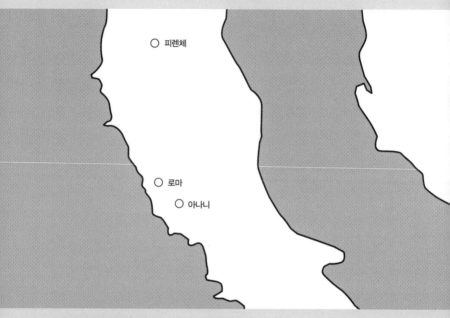

보니파시오 8세 관련 지도
13세기 후반 경, 이탈리아

'요괴'라 불린 교황

1274년, 피렌체 아르노 강의 베키오 다리를 건너던 아홉 살의 단테는 하녀들의 시중을 받으며 맞은편에서 걸어오던 베아트리체와 마주쳤다. 조숙했던 단테는 그녀에게 첫눈에 반했다. 그녀는 영원한 연인으로서 단테의 마음속 깊은 곳에 평생 살아 숨 쉬게 되었고, 르네상스 시대를 연 단테의 대표작 《신곡》에서는 천국에 오를 때 그녀와의 사랑이 이루어진다.

그러나 제목에 현혹되어서는 안 된다. '신곡'의 원제, 'Divina Commedia'는 '신들에 관한 희극'으로 번역되는데, 신들의 정쟁과 스캔들 등 어두운 화제로 가득한 작품이다. 특히 제1부 지옥편에서는 단테의 정적, 그중에서도 그에게 사형 선고를 내리고 그를 망명자 신분으로 만든 저주스러운 자들이 지옥에서 영원토록 고통 받는 모습으로 묘사되어 있다. 놀랍게도 그중에는 거꾸로 매달려 생매장된 채 화형당하는 교황 보니파시오 8세의 모습도 그려져 있다.

무명의 수도사,
교황 첼레스티노 5세로 즉위

중세 최고의 교황으로, 자신의 뜻에 반하는 자들을 가차 없이 파문하고 "교황은 태양이오, 황제는 달"이라고 호언하던 인노

켄티우스 3세재위 1198~1216 시대가 끝난 후 교황의 권위는 급속히 그 빛을 잃어갔다. 십자군이 군사적으로는 대실패로 끝났기 때문이다. 그 결과 교회와 교황의 권위는 약화된 반면, 이슬람 상인과 평화적으로 거래하면서 부를 축적한 상인들과 적지에서 전사한 제후들의 영지를 몰수해 권력을 집중시킨 각국 국왕에게 활약의 무대를 제공하는 시대로 바뀌어갔다. 이렇게 역사적 풍경은 중세의 가을에서 르네상스로 이어지는 근세의 봄으로 옮겨가고 있었다. 그러나 이런 분위기를 읽어내지 못한 것이 가톨릭 교회, 그중에서도 자신이 이 시대의 주인공이라고 착각하던 교황이었다.

신성로마 제국의 황제 선거와 마찬가지로 교회에서도 추기경의 지위에까지 오른 최고위 성직자들이 '콘클라베conclave, 추기경단에 의해 새로운 교황을 선출하는 비밀 회의'라고 불리는 선거로 새로운 교황을 선출했다. 그러나 분쟁에 분쟁이 거듭되는 통에 좀처럼 새로운 교황을 선출하지 못했다. 하지만 만장일치가 될 때까지 선거는 계속되었다. 그야말로 '끈기 있는 싸움'이었다. 이 때문에 한숨 돌리자는 의미로 무해 무익한 무명 인사가 교황으로 선출되었다. 그가 바로 고지식하고, 가난한 시골 농부의 아들로 태어난 피에트로 디 모로네 수도사로, 1294년에 첼레스티노 5세로 즉위했다.

지금 당장 교황을 그만두고 은자 생활로 돌아가라

새로운 교황은 그야말로 속수무책이었다. 자신의 의사로 입후 보한 것이 아닌 데다가, 정쟁에 이용되었을 뿐이니 말이다. 곧 그는 "나는 신께서 보내신 천사다. 자애가 깊은 신을 대신해 그 대에게 명하노라. 지금 당장 교황을 그만두고 은자 생활로 돌 아가라!"라는 소리를 듣고 고뇌에 빠진다.

매일 밤 이 소리에 시달려, 몇 번이나 뒤척이며 잠 못 이룬 밤을 보낸 첼레스티노는 어떻게든 교황의 자리에서 내려오고 싶었다. 이에 그는 교회법에 정통한 교황 관방에 있던 카에타 니 추기경에게 상담했고, 그의 염원대로 전대미문의 교황 사 임이 실현되었다. 하지만 사실은 매일 밤 새로운 교황을 잠 못 들게 하고, 신경쇠약으로 몰고 간 장본인이 바로 카에타니 추 기경이었다. 그는 부하에게 새로운 교황의 방을 전성관(傳聲管)으 로 연결하도록 명한 후, 밤새도록 그에게 그만두라고 속삭였 던 것이다.

첼레스티노 5세를 물러나게 한 카에타니는 누구인가

카에타니 추기경은 어떤 인물이었을까. 그의 이름은 베네데토 카에타니로, 로마 남동부 아나니의 명문가인 카에타니 가문의 출신으로 1234년경에 태어났다. 교황의 별장이 위치한 스폴레토에서 교회법 등을 수학한 후 파리와 로마에서 성당 참사회원으로 봉직했고, 1276년에는 염원하던 교황청에 들어갔다. 그 후 추기경이 되었고, 교황 특사로서 프랑스와 이탈리아를 왕복하며 성직계와 정계에서 능력을 인정받았다.

그리고 이와 같은 야심가들의 마지막 목표는 교황이라는 자리였다. 그러나 산전수전 다 겪은 추기경들이 모두 교황의 자리를 노렸기 때문에 사전에 그들을 포섭하는 것도 쉬운 일은 아니었다. 이런 가운데 교황 니콜라오 4세가 서거한 후, 분쟁을 거듭한 결과 교황 자리는 2년 동안 공석으로 남아 있었다. 그리고 그 후에 첼레스티노 5세의 즉위와 퇴위라는 정신없는 막간극이 벌어졌던 것이다.

예수는 우리와 같은 사람일 뿐

첼레스티노를 합법적으로 추방하고, 염원하던 교황의 자리를 손에 넣은 카에타니 추기경은 1294년에 보니파시오 8세로 즉위했다.

보니파시오는 성직자답지 않은 현실주의자였다. '최후의 심판' 따위는 존재하지 않는다고 완강히 믿었기 때문에 경건한 신자가 고민을 털어놓아도 "예수는 우리와 같은 사람일 뿐, 자신의 몸조차 구하지 못한 남자가 남을 위해 무엇을 해줄 수 있으리오."라고 주저 없이 말했다고 한다. 그는 맛있는 음식과 화려함에 강한 애착을 갖고 있었으며, 보석이 잔뜩 박힌 옷을 입고 금은보석으로 몸을 치장했다. 그리고 도박을 좋아해 교황청은 금새 카지노로 변했다. 게다가 정력도 뛰어나 밤새도록 수상한 남녀가 들락거렸다고 한다. 그러나 무엇보다 사랑한 것은 그 누구의 제약도 받지 않는 절대 권력이었을 것이다.

교황의 권위는 지상의
모든 권력을 뛰어넘는다

그러나 이미 시대는 교황의 그런 횡포를 용납할 만큼 만만하지 않았다. 프랑스의 필리프 4세미남왕는 그 경건함으로 성왕이라 칭송받던 조부 루이 9세가 카타리파라 불리던 이단과 손을 잡고 왕권에 대항하던 남프랑스의 제후들을 분쇄하자 기세를 몰아 단숨에 집권화를 추진했다. 그는 레지스트라 불리던 실무 능력을 갖춘 관료집단을 모아 절대왕정화를 추진하는 한편, 모직물 산업으로 호황을 누리던 플랑드르의 도시들을 정복하기 위해 기회를 노리고 있었다. 그리고 전쟁 비용을 마련하기 위해 교회 재산에 대한 과세를 단행했다.

경건한 가톨릭 국가인 프랑스는 교황청의 돈줄이었기 때문에 교황은 곧바로 재정적 어려움을 겪었다. 이에 보니파시오는 1300년, 성대한 성년제를 꾸며내 모든 성직자에게 로마 순례를 강제하면서 천국행을 약속했다. 그의 계획은 대성공을 거둬 수많은 국내외 순례자들로 로마는 북새통을 이루었다. 이에 자신감을 얻은 보니파시오는 1302년 '우남 상크탐Unam Sanctam, 단 하나의 성스러움'이라는 교황회칙을 반포해 교황의 권위는 지상의 모든 권력을 뛰어넘는다고 주장했다. 보니파시오는 이어 '사랑하는 자들이여, 들으라!'를 반포해, 필리프에게 교황의 명을 따르도록 촉구했다. 그러나 필리프는 이에 응하지 않았다.

같은 해 필리프는 파리의 로테르담에 성직자, 귀족, 평민 대표로 구성된 삼부회를 소집했다. 그의 의도대로 삼부회는 왕을 지지했고, 교황의 요구를 완강히 거부했다.

이에 분노한 보니파시오는 필리프를 파문했고, 필리프도 악덕 교황을 탄핵하는 공의회 개최를 요청하면서 교황과 황제의 관계는 파국으로 치달았다.

왕과의 절연, 아나니 사건, 그리고 분사

머리끝까지 화가 난 필리프는 심복인 기욤 드 노가레를 로마로 보냈다. 노가레의 부모는 과거에 종교재판으로 화형에 처해졌기 때문에 그는 복수심에 불타 있었다. 한편 교황에게 거역해 재산 몰수 및 국외 추방형에 처해졌던 콜론나 가문 일족들도 사적인 원한을 풀고자 필리프와 손을 잡았다.

1303년 9월 6일, 교황은 고향 아나니의 별장에 체류하고 있었다. 노가레와 시아라 콜론나는 밤 깊은 시간, 교황의 거실에 숨어들어 탄핵 공의회에 참석하라고 압박했다. 그러나 교황은 자기 목을 가져가라며 태연한 모습을 보였다. 그들은 3일 동안 교황을 감시했다. 그러는 사이 교황 수하의 병사가 로마에서 급히 달려왔다. 노가레와 콜론나는 "교황, 만세!"를 외치는 민중들의 목소리에 벌벌 떨며 달아났다. 그러나 2주일 뒤, 바티칸으로 돌아온 보니파시오에게도 죽음의 그림자가 다가오고 있었다. 오랫동안 사치에 빠져 산 결과, 신장이 완전히 망가져버린 것이었다. 그리고 결국 얼마 뒤에 숨을 거두고 말았다. 교황은 죽기 직전까지 온갖 저주를 퍼부었기 때문에 사람들은 그가 분사憤死 분에 못 이겨 죽음했다고 말했다.

캔터베리
대성당의
참극

나는 기꺼이 죽음을 맞이할
준비가 되어 있다

가톨릭 교회가 각국의 군주들과 손을 잡고 발전하던 시절, 교회의 역
할은 제후들과의 계속되는 전쟁 때문에 피로 점철된 국왕의 황폐한
마음을 "전하의 전쟁은 단순한 살육이 아닙니다. 국토 구석구석에까
지 예수의 복음을 알리기 위한 숭고한 사명인 것입니다."라고 설득
해 국왕의 전쟁 행위를 정당화하는 것이었다. 그러나 집권화가 진척
되자 왕권을 초월한 교회 조직의 보편성이 국왕 입장에서는 집권화를
방해하는 가장 큰 걸림돌이 되기 시작했다. 이로써 국왕과 교회의 밀
월 시대는 끝을 고한다. 캔터베리 대성당의 토머스 베켓 살해 사건은
이런 맥락에서 발생했다.

4인의 기사들에게 습격당해
목숨을 잃는 토머스 베켓.

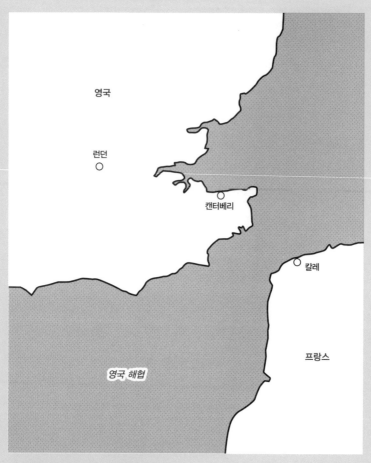

영국 최대의 성당이 위치한 캔터베리
12세기, 영국 남동부

전 유럽을 뒤흔든 대주교 살해 사건

런던의 채링 크로스 역에서 급행열차로 한 시간 반 정도 가다 보면, 평원에 숲을 뚫듯 솟아오른 세 개의 두꺼운 첨탑을 볼 수 있다. 이 첨탑을 떠받치고 있는 대성당이 바로, 오랜 세월에 걸쳐 건설된 결과 로마네스크 양식과 고딕 양식이 병용된 캔터베리 대성당이다. 6세기에 기원한 영국을 대표하는 이 대성당도 처음에는 성 아우구스티누스와 동료 전도사들이 잉글랜드 전도의 거점으로 세운 소박한 건물이었다. 그러나 1174년 발생한 화재로 노르만 왕조 시대의 성소가 소실되었고, 이를 계기로 프랑스에서 건축가를 초빙해 고딕 양식의 성당으로 재탄생시켰다. 그리고 화재가 일어나기 몇 해 전인 1170년 12월 29일, 대성당의 북서 익랑에서 수도사들이 저녁 기도를 하고 있을 때, 4인의 기사들이 난입해 토머스 베켓 대주교1118~1170년를 살해했다. 이 충격적인 사건은 전 유럽을 뒤흔들었다. 교황 갈리스토 3세는 이례적으로 빨리 그를 성인으로 추앙했고, 이후 캔터베리 대성당은 순례지가 되었다. 이 참극의 배경은 무엇이었을까.

헨리 2세 즉위의 배경

노르망디 공 윌리엄의 노르만 정복으로 성립된 노르만 왕조는 단명했다. 제3대 왕인 헨리 1세는 딸 마틸다를 왕위계승자로 지명한 후 서거했는데, 이에 이의를 제기한 고종사촌 스티븐이 제4대 왕으로 즉위하면서 내전이 시작되었다.

마틸다는 프랑스 루아르 강변에 광대한 땅을 영유하던 앙주 백작 조프루아와 결혼해 큰아들 앙리를 낳았다. 그는 종종 잉글랜드로 건너가 어머니를 도와 스티븐과 전투를 치렀다. 앙리는 1150년에 아버지 조프루아가 정복한 노르망디 공의 공위를 이어받았고, 이듬해 아버지가 사망하자 앙주 백작령을 계승했다. 또 아키텐의 영주이자 프랑스 루이 7세의 왕비였던 엘레오노르와 결혼해 그녀의 광대한 영지도 손에 넣었다. 재산을 노린 전형적인 정략결혼이었다. 하지만 그의 강경 행보는 계속되었다. 1153년에는 마침내 스티븐과 평화 협정을 맺고, 영국 왕위 계승을 약속받았다. 이듬해 스티븐이 사망하자 염원하던 왕위에 올라 헨리 2세로서 플랜태저넷 왕조 시대를 열었다. 플랜태저넷라틴어 Planta Genista이라는 표현은 조프루아가 금작화의 가지를 꽂고 다녔다는 것에서 유래하여 앙주 가문의 문장이 되었다.

영국 국왕이자 프랑스 카페 왕조 국왕의 가신

영국 국왕으로 즉위했으니 잉글랜드를 영유하는 것은 당연했다. 또 프랑스 국내에도 앙주, 아키텐 등의 영지를 소유해 피레 네부터 남프랑스, 잉글랜드로 이어지는 광대한 영토의 지배자가 되었다. 이는 곧 앙주 제국의 성립을 뜻했다. 그러나 이로 인해 헨리 2세는 영국에서는 국왕, 프랑스에서는 카페 왕조 국왕의 가신이라는 왜곡된 관계를 형성했다. 이는 백년전쟁이라는 카페 왕조 왕들과의 분쟁을 야기했고, 프랑스에서 영국이 쫓겨날 때까지 계속되었다.

국왕으로서의 헨리 2세는 유능했다. 잉글랜드에 사법제도를 확립시켰고, 순회 재판관을 각지에 파견해 지방의 실정을 장악했다. 그러나 국왕인 동시에 노르망디 공이자 앙주 제국의 당주였기에 프랑스에도 관심을 기울여야 했다. 때문에 잉글랜드보다는 프랑스에 체류하는 시간이 더 많았다.

국왕의 '총아'에서 '최대의 적'으로

유복한 상인인 아버지 밑에서 자란 토머스 베켓은 런던에서 태어났다. 파리와 볼로냐에서 수학한 후 1154년부터 시어볼드 대주교 밑에서 수석 부제부제품을 받은 성직자로, 사제를 도와 강론, 성체분배 따위를 집행한다로 일했다. 유능했던 그는 이듬해 대주교의 추천으로 헨리 2세 정부의 중추적인 행정기관인 상서부 장관에 임명되어 조언자로서 국왕의 전폭적인 신뢰를 얻었다. 따라서

캔터베리 대성당

영국 동남부의 켄트 주 캔터베리에 있으며, 1988년에
유네스코 세계문화유산으로 등재되었다. 중세 영국의
정신적 중심지였으며, 1170년 대주교 토머스 베켓이
순교한 이래 유럽 유수의 순례지가 되었다.

어느새 모두가 국왕의 심복으로 생각할 만큼 왕실과 밀접한 관계를 맺고 있었다.

그 후 1162년, 베켓은 이례적으로 마흔넷이라는 젊은 나이에 캔터베리 대성당의 대주교로 임명되었다. 그러나 헨리 2세와 베켓의 밀월 관계는 여기까지였다. 베켓은 대주교로 취임하자 교회 업무에 힘쓰기 위해 상서부 장관직을 사임했다. 국왕은 충직한 베켓을 이용해 국내 교회와 수도원을 관리하고 통제할 심산이었는데, 대주교는 교회를 세속 권력으로부터 독립시키려 했던 것이다. 두 사람의 대립은 차츰 심화되었고, 클라렌든 법 사건을 계기로 갈등은 절정에 달했다.

클라렌든 법은 성직자 사이에 대립이 발생했을 때, 성직자의 독자적인 사법권에 국왕이 개입할 수 있다는 내용이었다. 기존에는 성직자가 죄를 지으면 성직자로 구성된 법정에서 교회법 규정에 따라 처벌하는 것이 원칙이었다. 그런데 클라렌든 법 제3조에 따르면 성직자의 법정이 아닌 국왕 재판소에서 먼저 심판을 받은 후, 성직자 법정에 서야 했다. 이는 세속 권력이 교회로 사정없이 밀고 들어오는 것이나 마찬가지였다. 베켓은 이 조항을 따를 경우 하나의 죄로 두 번씩 처벌 받게 된다며 강하게 반대했고, 세속 권력에서 독립하기 위해서라면 목숨을 걸겠다는 각오로 한 치도 양보하지 않았다.

이 성가신 사제를 처리해줄 자는 없는 것인가

헨리 2세는 격분했다. 신변의 위험을 느낀 베켓은 1164년 프랑스로 망명했다. 6년에 걸친 망명 생활 중, 사람들은 공석으로 남은 대주교 자리에 베켓이 돌아와 주길 간절히 바랐다. 그리고 드디어 그가 대주교 자리로 돌아왔을 때 민중들은 열광적으로 그를 맞이했다. 그의 귀국 소식을 들은 국왕은 "이 성가신 사제를 처리해줄 자는 없는 것인가?"라고 고함을 질렀다고 한다. 그리고 1171년을 목전에 둔 12월 29일 저녁, 참극이 발생했다.

격분한 국왕의 의중을 지레짐작하고 논공행상을 기대했던 4인의 기사들 — 레기날두스 유스, 윌리엄 드레이시, 리처드 블리트, 휴 모아빌 — 은 곧바로 캔터베리로 향했다. 그들은 대주교의 거택에서 베켓을 심문하려 했다. 그러나 베켓은 수상한 살기를 느낀 수도승들과 함께 저녁 기도 도중에 대성당으로 피신했다.

캔터베리 대성당에서 벌어진 참극

이 참극을 목격한 성직자 에드워드 그림에 의하면 4인의 기사들은 교회에 난입해 난폭하게 토머스 베켓을 끌어낸 후, 교회 밖에서 참혹하게 죽이거나 밧줄로 묶어 납치하려 했다고 한다.

그러나 베켓이 강하게 저항하자 기사들은 이성을 잃었다. 이때 베켓은 피할 수 없는 죽음임을 직감했다. 그는 기도하듯 고개를 숙이고 합장한 손을 높이 올리며 자신과 교회의 운명을 신과 성모 마리아에게 맡겼다.

기사들은 대주교가 사람들의 도움으로 살아서 도망갈까 두려워 급히 달려들어 그의 머리를 베었다. 이 모습을 본 수도사와 성직자들은 공황 상태에 빠져 모두 도망갔다. 그리고 단 한 사람, 베켓의 곁을 지키던 그림도 이때 팔에 칼을 맞았다. 기사들은 한 번 더 머리를 베었지만, 베켓은 움직이지 않았다. 세 번째 칼에 순교자 베켓은 무릎과 팔을 바닥에 떨어뜨리며 낮은 목소리로 "예수의 이름을 위해, 교회를 지키기 위해, 나는 기꺼이 죽음을 맞이할 준비가 되어 있노라."라고 말했다. 쓰러진 그에게 제3의 기사가 치명타를 가했다. 그 다음 상황을 그림은 매우 생생히 묘사했다.

캔터베리 대성당의 참극, 순식간에 런던과 로마 교황에게 전해지다

마지막 공격 후 칼은 상석에 부딪히고 그의 큰 두정골과 머리는 분리되어 뇌수로 희게 물든 피, 피로 붉게 물든 뇌

수가 백합과 장미의 빛깔, 처녀와 성녀의 빛깔, 증거자와 순교자의 삶과 죽음으로 교회 표면을 아름답게 물들였다. 제4의 기사는 다른 기사들이 한층 더 마음대로 살인을 저지를 수 있도록 그 자리에 있던 자들을 위협했다. 다섯 번째 인물은 기사가 아니라 기사와 함께 침입한 성직자였는데, 신성한 성직자 신분으로 존귀한 순교자의 목 위에 다리를 올려놓고 입에 담기도 두려운 말을, 뇌수와 피와 함께 바닥에 흩뿌리며 외쳤다. '이제 가자, 이 자는 이제 일어서지 못한다.'라고.

—《서양 중세 사료집》, 유럽 중세사 연구회 편, 도쿄대학출판사

아비규환 속에서 수도승들은 베켓의 피를 닦고 유골과 유발을 모았다. 한편 캔터베리 대성당의 참극 소식은 순식간에 런던에 퍼졌고, 잉글랜드의 모든 지역과 로마 교황에게 전해졌다. 국왕 헨리 2세는 자신의 부주의한 분노가 뜻밖에 큰 사건으로 발전하자 몹시 당황했다.

성직자가 국왕에게 채찍형을 가하다

헨리는 교황에 대한 복종과 참회를 표하기 위해 참회복을 입고 맨발로 런던을 떠나 캔터베리로 향했다. 3일 후, 채찍을 손에

든 80명의 성직자가 피범벅이 된 발을 질질 끌며 대성당에 도착한 국왕을 맞이했고, 그에게 채찍형을 가했다. 헨리는 교회를 세속 권력 아래에 두고자 했던 자신의 성급함이 초래한 뜻밖의 참극으로 인해 사람들의 원성을 사고 채찍형을 당하는 굴욕을 견뎌야만 했다. 그와 동시에 교회의 강력한 권위를 새삼 느끼게 되었다.

참극 후 3년이 지난 1173년, 토머스 베켓은 성인으로 추앙되었다. 그의 피를 닦아 붉게 물든 천 조각은 교회의 성스러운 깃발로, 그의 유골과 유발은 성물로 안치되었고, 캔터베리 대성당은 순례지가 되었다. 그리고 14세기 말 초서는《캔터베리 이야기》에서 캔터베리 대성당 순례자들의 모습을 생생히 묘사했다.

캐롤라인 왕비 사건

여론은 압도적으로 왕비에게 동정적이었다

런던의 최고 번화가인 피커딜리 서커스와 교차하는 번화가 중에 리젠트 스트리트라는 곳이 있다. 리젠트란 '섭정(攝政)'이라는 뜻이다. 이는 비운의 왕비 캐롤라인의 남편이자 영국 국왕인 조지 3세의 섭정이며, 후에 영국 왕위에 오르는 조지 4세를 지칭한다. 평생 왕비를 무시했던 이 희대의 난봉꾼은 국민들의 원성을 샀다. 그런 그의 이름에서 유래한 리젠트 스트리트라는 명칭은 영국인의 '뼈 있는' 농담이라고 해야 할까.

마지막까지 스스로를 '왕비'라
부르지 못한 역사상 가장
불행했던 왕비.

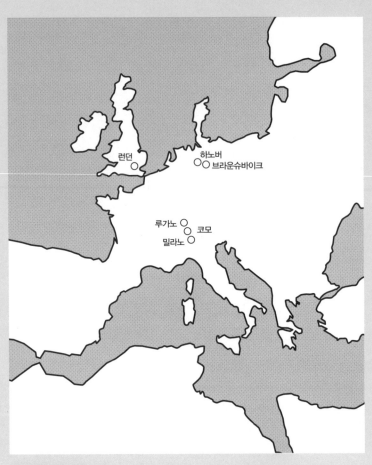

캐롤라인 왕비 관련 지도
18세기, 유럽 각지

근세 영국 역사상 가장 방탕했던 국왕, 그 왕비의 비극

1997년, 프린세스 다이애나의 죽음으로 전 세계는 충격에 빠졌고, 남편인 찰스 황태자는 카밀라와의 재혼으로 사람들의 빈축을 샀다. 그리고 비슷하게도 1830년 6월 26일, 조지 4세가 사망하자 런던 타임스의 편집장이 '누가 그를 위해 눈물을 흘릴 것인가'라고 썼을 정도로 그는 매우 저속한 왕이었다. 각종 음탕한 행동들, 온갖 사치와 도박 끝에 짊어진 막대한 양의 부채, 더비 승부 조작 등 깡패나 다름없던 국왕이 일으킨 불상사는 헤아릴 수 없었다. 그러나 무엇보다도 캐롤라인 왕비에게 가한 갖은 모욕과 무례함 때문에 그는 최악의 국왕으로 기억되었다. 영국 국민들은 자신의 방정치 못한 품행은 덮어두고 그녀를 쫓아내려 하는 국왕의 비열함에 분노했고, 자신의 불운을 한탄하는 그녀를 동정했다.

1762년, 조지 3세의 황태자로 세상에 태어나다

스튜어트 왕조의 마지막 여왕인 앤이 사망하자 왕위계승법에 의거해 하노버 선제후選帝侯가 영국 왕위와 하노버 군주 지위를 겸하게 되었다. 그 3대째 국왕인 조지 3세재위 1760~1820는 북미의 13개 식민지를 미국의 독립 혁명으로 잃고, 프랑스 혁명과 나폴레옹 전쟁으로 국력을 소모했으나 산업혁명 덕분에 강대국 영국의 지위를 확립할 수 있었다.

1762년 8월 12일, 조지 아우구스투스 프레드릭은 조지 3세의 황태자로 세상에 태어났다. 1771년부터 본격적인 교육이 시작되었는데, 유년 시절에는 문제의 나쁜 행실을 짐작할 수 있는 행동은 보이지 않은 모양이다. 그러나 미국 독립 전쟁이 한창이던 1778년, 열여섯 살의 황태자는 해밀턴 공작의 증손녀인 스물세 살의 규수에게 푹 빠져 연애편지를 보내고 또 보냈다. 그러나 사랑을 이루지는 못했다. 이듬해인 1779년에는 인기 여배우인 스물한 살의 메리 로빈슨에게 마음을 빼앗겼다. 황태자는 자신이 그녀에게 어울릴만한 나이가 되면 2만 파운드를 증여할 것이라고 약속하는 편지를 계속 보냈고, 메리는 여배우를 그만두고 황태자의 애인이 되기로 한다. 그러나 황태자와 메리의 달콤한 생활은 몇 개월 만에 파경을 맞았다. 그리고 그 역시 다른 이들처럼 위자료 문제를 좀처럼 합의하지 못했고, 국왕은 노스 수상과 협의해 자금을 조달할 수밖에 없었다.

빚더미에 올라앉은 방탕한 아들

스물한 살이 된 황태자는 스물여덟에 이미 두 번 결혼하고, 두 번 모두 남편과 사별한 기품 있는 가톨릭교도인 피츠허버트 부인을 만났다. 황태자는 곧 그녀에게 빠져들었는데, 부인은 한 발 뒤로 물러서서 황태자의 이기적인 요구를 모른 척했다. 그녀는 정식으로 결혼하길 원했다. 그러나 가톨릭교도를 사회적으로 차별하던 당시 영국에서 황태자와의 결혼은 불가능했고, 그렇다고 애인이 될 생각은 추호도 없었다.

이에 황태자는 자살 시도라는 연극을 벌였다. 실제로 피츠허버트 부인이 달려왔을 때, 피범벅이 된 황태자의 얼굴은 창백했다. "나와 결혼해준다고 약속하지 않는다면 난 더는 살아갈 수 없소."라고 호소하는 황태자에게 피츠허버트 부인도 드디어 마음을 열었다. 그러나 국왕의 악우惡友이자 휘그당 개혁파인 폭스는 황태자에게 가톨릭교도와의 결혼은 왕위계승권을 포기하겠다는 것이라고 경고했다. 결국 피츠허버트 부인과 황태자는 1783년 12월 15일, 영국 국교회의 부목사에게 사정사정해 은밀히 결혼식을 올렸다.

1788년 10월, 허황된 황태자의 계속되는 스캔들 때문에 괴로워하던 조지 3세는 정신착란을 일으키며 쓰러졌다. 이어 1793년에는 황태자의 빚이 40만 파운드에 달해 국왕의 연간 궁정 활동비 83만 파운드 중 절반이 황태자의 빚을 갚는데 사용되는 지경이었다. 속수무책이 된 국왕은 빚을 모두 탕감해 줄 테니 정식으로 결혼하라고 황태자를 압박했다.

왕실 예배당에서 치러진
성대한 결혼식

캐롤라인 아멜리아 엘리자베스는 아버지 브라운슈바이크 공 페르디난트와 조지 3세의 누이인 어머니 아우구스타의 세 번째 자녀로 1768년 5월 17일에 태어났다. 캐롤라인의 아버지는 그녀가 유년시절을 매우 활달하게 보낸 탓에 정조 교육을 중시하고 일반적인 지적 교육은 경시했다. 때문에 캐롤라인은 문장을 정확히 쓰지 못하는 상태였다고 한다. 단 이런 문제는 사춘기 즈음부터 서서히 해결되어 갔지만, 친오빠 이외의 남자와는 춤도 춰 본 적이 없을 정도로 동년배 남자와의 접촉은 엄격히 제한받았다. 이런 가운데 1794년 8월, 사촌인 영국 황태자 조지와의 혼담이 급부상했다. 조지 3세가 아들에게 캐롤라인이 미녀라고 말했기 때문이다.

1795년 4월 5일, 두 사람의 첫 대면 날, 황태자는 캐롤라인과 단 한마디만을 나누고는 바로 어머니인 왕비에게 돌아가 버렸다. 혼자 남겨진 캐롤라인은 "황태자님은 늘 이런 식이신가요? 뚱뚱하고 초상화에서 뵈었던 것처럼 미남은 아니시군요."라고 했다고 전해진다. 파란을 예고하는 첫 대면이었다. 실망한 황태자에게 캐롤라인의 첫인상을 전해들은 왕비의 선입견도 좋지 않았다. 측근은 이날 열린 환영 만찬회의 모습을 "왕비의 태도는 전혀 만족스럽지 못했다. 경솔하고 거만한 비웃음 소리와 저속한 농담이 난무했다."라고 기록했다. 황태자와 왕비의 이런 태도에 캐롤라인은 자신의 미래를 비관하며 혐오감과 후회에 시달렸을 것이다.

조지와 캐롤라인의 결혼식은 4월 8일 밤 8시, 국왕 부부, 왕족, 시종, 시녀 등이 참석한 가운데 왕실 예배당에서 성대하게 치러졌다. 이때 황태자의 나이는 서른둘이었고, 캐롤라인은 스물여섯이었다. 황태자는 이 기쁜 날 정신을 잃을 때까지 술을 마셨고, 신부는 만취해 몸도 못 가누는 황태자를 끌어안고 쩔 쩔맸다고 한다.

고독과 굴욕으로 점철된 결혼 생활

신혼 생활도 엉망이었다. 이때 황태자는 저지 백작부인과 애인 사이였는데, 놀랍게도 그녀를 캐롤라인의 시녀로 발탁했다. 저지 부인은 보란 듯이 황태자비에게 접촉해 무례하고 당돌한 태도로 그녀에게 상처를 주었다. 다행인지 불행인지 캐롤라인은 이 방탕한 황태자의 아이를 임신했다. 단 한번 뿐인, 말 그대로 허니문 베이비였다. 그러나 그녀가 임신했다는 소식을 들은 황태자는 그 후 다시는 그녀를 가까이하지 않았다.

1796년 1월 7일, 캐롤라인은 여자아이를 출산했다. 샬롯이라는 이름의 이 여자아이는 아홉 달 만에 세상에 나온 조산아

였지만 무럭무럭 자랐다. 그러나 샬롯은 어머니 곁을 떠나 왕가에서 양육되었고, 면회도 쉽지 않았다. 게다가 캐롤라인은 황태자와도 별거에 들어갔다. 그리고는 황태자는 또다시 피츠허버트 부인과 동거하기 시작했다. 고독과 굴욕을 견디지 못한 캐롤라인은 1813년, 나폴레옹 전쟁의 여운이 채 가시지 않은 유럽 대륙으로 여행을 떠났다. 다행히도 딸 샬롯은 무럭무럭 자랐고, 스무 살이 되자 그녀의 뜻대로 작센 코부르크 가문의 레오폴트후의 초대 벨기에 국왕와 결혼했다.

샬롯의 결혼 생활은 행복 그 자체였다. 그러나 또다시 운명은 캐롤라인에게 고통을 안겼다. 이듬해 샬롯은 40시간이 넘는 진통 끝에 남자아이를 사산했다. 예정일을 열흘이나 넘긴 출산이었기 때문에 태아가 너무 컸던 탓이었다. 이 출산으로 어머니인 샬롯도 사망했다. 여행 중이던 캐롤라인은 외동딸의 죽음조차 지켜보지 못했다. 당시 런던 타임스는 이토록 강하게 모든 사람이 비극을 느꼈던 경험은 지금껏 없었다는 내용의 사설을 실었다.

왕비의 칭호를 허락하지 않았던
조지 4세

1820년 1월, 미쳐서 죽은 아버지의 뒤를 이어 그의 방탕한 아들이 조지 4세로 즉위했고, 캐롤라인은 왕비가 되었다. 그러나 그녀와의 이혼을 계획하던 조지는 스스로를 왕비라 칭하지 못하게 했고, 계속 그녀를 괴롭혔다.

우선 왕가 기도서에서 그녀의 이름을 지우려 했다. 하지만 캔터베리 대주교는 이를 허용하지 않았다. 다음으로는 내각에 이혼 승인을 위한 법안 통과를 요구했다. 전대미문의 법안 심의의 결과를 기다리다 못한 국왕은 캐롤라인이 여행 중에 시종으로 고용한 이탈리아인 바르톨로메오 베르가미와 부부나 다름없는 관계라고 고발했다. 그리고는 사실 검증을 위해 밀라노 위원회가 열렸다. 여러 고용인과 캐롤라인이 사랑한 코모, 루가노의 관계자들이 소환되어 증언했지만, 얻어진 증언은 국왕의 명을 받은 밀사가 증언자를 매수해 위증하도록 시켰다는 사실뿐이었다.

새로운 국왕은 집요했다. 대관식을 위해 귀국하는 캐롤라인의 일정에 맞춰 귀족원에서 다시 한 번 그녀를 심판하기로 했다. 거액의 예산을 써서 많은 이탈리아인을 증인으로 불렀다. 그중에서도 도둑질 때문에 왕비에게 해고된 수행원 마조키는 핵심적 질문에 대해 "기억나지 않습니다Non mi ricordo."라는 말을 반복해, 이 말은 한때 유행어가 되기도 했다.

한편 국민들의 관심도 더욱 높아졌다. 기성 정당, 사회주의적 노동자조직, 여성 참정권론자부터 포르노나 다름없는 황색

신문까지 이 문제를 두고 떠들썩하게 논쟁을 벌이며 캐롤라인 열풍이 일었다. 그러나 여론은 압도적으로 왕비에게 동정적이었다. 그렇게 맞이한 1821년 7월 19일 대관식 당일, 조지 4세는 캐롤라인의 출석을 거부했고, 사람들은 행진하는 국왕에게 욕설을 퍼부었다. 이는 실의에 찬 여왕 캐롤라인에게 국민들이 바친 '왕비 만세God save the queen'라는 노랫소리와는 너무나도 대조적이었다.

같은 해 8월 7일, 캐롤라인은 급사했다. 아직까지도 독살이 아니었을까 하는 의문이 남아 있다. 관 위에는 왕비의 왕관이 안치되었는데, 윈저에 잠들어 있는 샬롯 곁에 묻히고 싶다는 유언과는 달리 고국인 브라운슈바이크에 묻혔다.

캐롤라인 왕비 사건과
왕실의 변화

여자 버릇 나쁘기로는 따라올 자 없는 헨리 8세재위 1509~1547는 첫 번째 부인 캐서린과의 사이에 메리 1세를, 두 번째 부인 앤 불린과의 사이에 엘리자베스 1세를, 세 번째 부인 제인 시모어와의 사이에 에드워드 6세를 두었고, 결과적으로는 이들 세 명을 포함해 여섯 명을 부인으로 삼았다. 애인의 경우에는 그 정확한 수를 알 수 없다고 하니 놀라울 따름이다. 헨리 8세

시대의 국왕은 만능의 절대 군주였고, 국왕은 민중들과 단절된 생활을 하고 있었기 때문에 민중들은 국왕의 스캔들을 알 도리가 없었다. 그러나 산업혁명과 그에 따른 자유주의 혁명이 잇달아 일어난 조지 4세 시대에는 황실 스캔들이 대중의 이목을 집중시키는 최고의 소재가 되었다. 그리고 언론의 발달은 이를 더욱 부추겼다.

이런 상황은 필연적으로 황실의 존재 방식에 변화를 가져왔다. 로열패밀리의 소식은 국민들에게 공개되었고, 국민들이 국왕 일가에게서 이상적인 가족상을 보길 원했기 때문에 국왕은 이제 이를 의식하지 않을 수 없었다. 조지 4세에 이어 왕위에 오른 동생 윌리엄 4세는 왕실의 이미지 제고 문제 때문에 걱정이 이만저만이 아니었고, 1837년에 즉위한 빅토리아 여왕은 국민들에게 부군인 앨버트 공과 일심동체임을 계속적으로 어필했다.

윌리엄 왕자와 캐서린 비의 검소한 결혼식이 과연 다이애나 비의 비극적 죽음과 찰스 황태자의 재혼으로 다시금 여론의 거센 비판 앞에 놓인 황실의 이미지를 끌어올릴 수 있을지는 의문이다.

머리는
어디에

머리를 가져간 범인은 누구인가
진상은 여전히 오리무중

일본의 역대 천황, 그중에서도 고대사를 장식한 상대 시대의 천황들은 고분 속에서 1500년 가까이 잠들어 있다. 물론 여전히 '신국 일본'임을 호언하는 신들린 사람들에게는 황기 2600여 년이 되겠지만 말이다.

고대사의 비밀이 밝혀지면서 일본의 많은 고대 사학자들이 고분의 공개 조사를 요청하고 있지만, 일본 궁내청과 정부는 이를 허가하지 않는다. 일본 황실이 이토록 국민들에게 가까이 다가서려하는 지금, 이제는 이 문제에 대한 답을 내놓을 때가 되었다고 생각한다. 물론 앙리 4세와 같은 미스터리 사건이 발생해서는 안 되겠지만 말이다.

■ 부르봉 왕조를 연 앙리 4세.
미스터리는 그의 사후에
발생했다.

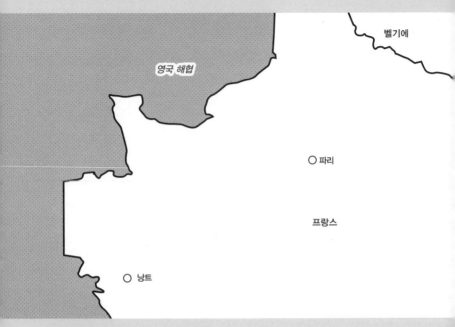

앙리 4세 관련 지도
16세기 말, 프랑스

부르봉 왕조 창시자의 미스터리

톨스토이의 장편소설 《전쟁과 평화》 중에 1812년 혹독한 러시아의 겨울을 패주하는 프랑스 잔병들이 '선량왕 앙리le bon roi Henri'라고 노래하는 장면이 있다. 병사들이 차례로 합세해 합창으로 바뀌지만 그 소리는 눈보라치는 황야 저 멀리로 사라진다는 장면이다. 이 노래는 지금까지도 프랑스인에게 계승되고 있다고 한다.

왕위 계승은 각국의 최대 관심사였으며, 이 때문에 피비린내 나는 비극이 수없이 되풀이되어 왔다. 그러나 재위 시절부터 국민들에게 사랑받았던 부르봉 왕조의 창시자 앙리 4세는 지금까지도 프랑스 역사상 가장 인기가 많은 왕으로 기억된다. 그러나 그의 시체에는 아직껏 머리가 없다. 대체 무슨 일이 있었던 것일까.

가톨릭교도와 위그노교도의 대립이 한창이던 때

16세기, 독일에서 시작된 종교개혁의 큰 물결은 가톨릭의 기반이 튼튼하던 프랑스에도 밀려왔고, 엄격한 루터파보다 세속적인 성격이 강한 칼뱅파가 급속히 사람들을 매료시켰다.

칼뱅파는 프랑스에서 위그노라 불렸는데, 특히 상공업자를 중심으로 한 신흥 시민 계층으로 지지 기반을 확대했다. 그리고 가톨릭교도와 위그노교도 간의 대립은 결국 위그노 전쟁이라는 대규모 내란을 초래하는 불가피한 상황으로 발전했다. 이런 혼란이 한창이던 때, 파란의 생애를 보낼 운명을 타고난 앙리 4세가 등장했다.

앙리는 아버지인 부르봉 가문의 방돔 공 앙투안과 프랑스 발루아 왕조 프랑수아 1세의 질녀인 어머니 나바르 여왕 잔 달브레 사이에서 1553년에 태어났다. 양친은 모두 위그노교도였기 때문에 앙리도 위그노교도로 자랐다.

1560년, 발루아 왕조의 샤를 9세가 즉위하자 메디치 가문 출신의 모후母后 카트린 드 메디시스가 섭정했고, 앙리의 아버지가 최고 군사령관으로 취임하면서 앙리도 1561년부터 궁정 생활을 시작했다.

열네 살의 나이로
위그노군을 지휘하다

섭정 카트린은 르네상스 시기의 인문주의적 교양에 물들어 있었기 때문에 종교적 관용이라는 입장에서 가톨릭과 위그노의 융화를 호소했다. 그러나 당시 왕권을 좌우할 정도로 막대한 영향력을 행사하던 광신적 가톨릭교도인 기즈 공 앙리는 신교도 탄압을 주장했고, 1562년에 드디어 위그노 전쟁이라는 판도라의 상자를 열게 된다. 이에 1567년, 앙리의 어머니 잔 달브레는 아들을 피레네로 통하는 위그노의 거점인 베아른으로 데리고 가서 위그노군의 지휘를 맡겼다. 이때 앙리는 불과 열네 살이었다.

성 바르톨로메오의 학살에서 살아남다

카트린은 혼란을 수습하기 위한 계략을 꾸몄다. 바로 위그노교도인 앙리와 가톨릭교도인 왕의 여동생 마르그리트와의 결혼이었다. 우여곡절 끝에 1572년 8월 18일, 두 사람은 무사히 혼례를 치렀다. 그러나 많은 위그노파 귀족이 결혼식에 참석하기 위해 파리에 모인 지금이야말로 그들을 칠 기회라고 생각한 기즈 공 앙리는 8월 24일 새벽, 신교도를 급습했다. 이것이 바로 성 바르톨로메오의 학살 사건이다. 이 사건으로 희생된 사람의 수는 정확히 알 수 없지만, 위그노파의 최고 수령인 콜리니 백작이 이때 피살되어 위그노파는 큰 타격을 입었다. 이때 앙리는 가톨릭교도로 강제 개종함으로써 살아남을 수 있었다.

그러나 전쟁은 장기화되어 샤를 9세의 뒤를 이은 앙리 3세와 기즈 공 앙리, 가톨릭으로 개종하여 살아남았다가 다시 위그노로 재개종한 앙리 간의 투쟁은 더욱더 치열해졌다. 여기에 왕위 계승 문제까지 얽혀 '3앙리 전쟁'이라 불리는 양상을 형성 했다. 그러나 시간이 흐르자 기즈 공과 앙리 3세는 서로 미워 했고, 결국 앙리 3세는 암살되었다. 그 결과 발루아 가문은 단 절되고, 부르봉 가문의 나바르 왕 앙리가 앙리 4세로 즉위했다. 이때 앙리 4세는 혈기왕성한 서른다섯의 나이였다. 그러나 프 랑스에서는 여전히 가톨릭이 우세했다. 때문에 앙리 4세는 민 중들에게 국왕으로 인정받지 못했고, 수도인 파리에도 입성하 지 못했다. 진퇴양난에 빠진 새로운 국왕은 1593년 7월 25일, 생드니 대성당에서 다시 가톨릭으로 개종했다.

낭트 칙령 공포로 종교 전쟁에
종지부를 찍다

개종 결과 겨우 민심을 얻은 앙리 4세는 전후 재정 재건을 꾀 하는 한편, 중농정책에 기반을 둔 농업 및 임업 보호, 인프라 정 비파리의 퐁 네프 다리 등, 대규모 공공사업파리의 팔레 루아얄 극장과 루브 르 궁전의 대형 갤러리 건설 등, 예술가 보호 정책 등을 통해 프랑스의 국력 강화에 힘썼다. 그러나 성 바르톨로메오 학살 사건의 원인 이 된 마르그리트와의 결혼은 파경을 맞았다. 그는 1600년, 메 디치 가문의 마리 드 메디시스와 재혼해 여섯 명의 아이를 두었다. 하지만 두 사람의 관계는 루벤스의 연작에 그려진 것처럼 원만하지는 않았던 모양이다.

  그러나 여전히 종교 문제는 심각했고, 1594년 12월 28일, 국왕은 장 샤텔이라는 이름의 난폭한 가톨릭교도의 습격을 받아 입술에 중상을 입었다. 이것이 원인이었는지는 알 수 없으나, 1598년 4월 30일 낭트 칙령을 공표해 가톨릭이 프랑스의 국교임을 선언하는 한편, 신교도에게도 신앙의 자유를 인정함으로써 길었던 종교 대립에 종지부를 찍었다.

  프랑스에 평화가 돌아오고 사람들이 태평성대에 익숙해질 무렵인 1610년 5월 14일, 마차에 오르던 앙리 4세는 가톨릭 광신도인 프랑수아 라바이약에게 오른쪽 경동맥을 칼에 맞고 목숨을 잃었다. 그리고 왕의 시체는 왕가의 묘지인 생드니 대성당에 묻혔다.

미라로 보존된 앙리 4세

앙리 4세의 데스마스크는 프랑스 혁명이 최고조에 달했던 1793년 콘파로라는 인물이 만들었다고 전해진다. 데스마스크는 보통 죽은 직후에 만들어지는데, 사후 184년이나 지나서 만들어진 앙리의 데스마스크는 미라로 만든 것이었다. 역대 국왕 중에서 왜 앙리 4세의 시체만이 미라로 보존되었는지는 미스터리이며, 사후 2세기 가까이가 지난 1793년에 특별히 데스마스크를 만든 이유 또한 수수께끼로 남아 있다.

한편 자코뱅파가 공포 정치로 사람들을 지배하고, 사람들도 대외 전쟁에서의 프랑스 국민군의 세력 만회에 열광하던 당시, 혁명전쟁에서 열강을 쓰러뜨릴 탄환을 만들기 위해서는 대량의 납과 금속류가 필요했다. 이에 혁명 정부는 고육지책으로 왕실 묘소인 생드니 대성당의 무덤을 파헤치기로 했다. 역대 왕실의 관이 납으로 만들어졌기 때문이다.

혁명 정부는 납으로 만들어진 관에서 유골을 빼내 공동묘지로 옮기는 엄청난 짓을 저질렀다. 그러나 앙리 4세의 시체만은 미라였기 때문에 정부는 이를 이틀 동안만 일반인에게 공개했고, 그 후 다른 시체와 함께 묻었다.

머리가 사라졌다

프랑스 혁명이 끝나고 나폴레옹 시대를 거쳐 왕정복고 시대가 되자, 루이 18세는 왕가의 무덤을 다시 생드니 대성당에 옮기기로 결정했는데, 놀랍게도 앙리 4세의 미라에서 머리가 사라지고 없었던 것이다.

머리를 가져간 범인은 누구일까. 진상은 여전히 오리무중이지만 1793년 왕가의 묘를 파헤칠 때 입회했던 유일한 인물은 알렉상드르 르누아르라는 이름의 혁명 정부 미술 감독관이었다. 그는 앙리 4세를 암살한 가톨릭 광신도인 라바이약처럼 위그노파인 국왕을 용서하지 못했던 것일까. 아니면 반대로 위그노교도였기에 가톨릭으로 개종한 국왕을 용서하지 못했던 것일까. 그것도 아니라면 공포 정치의 수장인 로베스피에르에게 대항해 '이성의 숭배'라는 반가톨릭 난행을 주도한 에베르에게 가담한 자였을까. 아니면 그저 상습적으로 직권을 남용한 단순 절도범이었던 것일까. 추리하자면 끝이 없지만 이 자가 직권을 남용해 여러 유골을 몰래 빼돌린 건 확실한 모양이다. 르누아르가 빼돌린 것으로 추정되는 유골 중에는 카페 왕조의 창시자 위그 카페의 견갑골과 필리프 4세의 늑골 1개, 잔다르크의 도움으로 왕위에 오른 샤를 7세의 척추골 1개, 카트린 드 메디시스의 하관 등이 있다고 한다. 그 후 이들 유골은 사방에 흩어져 행방이 묘연해진 것도 있고, 생드니 대성당에 묻힌 것도 있다고 한다.

앙리 4세 머리의 행방

1919년 10월 31일, 파리의 고미술품 경매장인 드루오 경매장에서 앙리 4세 미라의 머리가 3프랑에 입찰되었다. 물건이 물건인 만큼 모두가 나서지 못하고 있었는데, 몽마르트의 부르데라는 고물상이 이를 손에 넣었다.

부르데는 이 미라의 머리가 진품임을 증명하고자 당대 최고 법의학자들의 힘을 빌렸다. 법의학자들은 다음과 같은 결론을 내렸다.

① 이 머리는 사후 수십 년이 지난 후에 절단된 것으로, 17세기 초쯤에 급사한 쉰다섯 살 정도의 남자의 것으로 추정된다.
② 미라의 머리에는 목 자체가 절단되기 이전에 오른쪽 경동맥이 잘린 흔적이 있고, 입술에도 상흔이 있다.

부르데는 이 조사 결과를 바탕으로 미라의 머리가 행방불명된 앙리 4세의 것이라 주장했고, 정부에 이를 인정할 것을 요구했다. 그러나 정부는 이를 인정하지 않았다. 죽음을 목전에 두고 루브르 박물관에 기증해주기 바란다는 유서를 남겼으나 미술관도 이를 거부했다. 결국 미라의 머리는 그의 여동생이 갖게 되었고, 그 후 이 이야기는 흐지부지 잊혀졌다.

그러나 2010년 12월 15일, 프랑스 레몽 푸앵카레 대학병원의 법의학팀은 문제의 미라 머리는 앙리 4세의 것이라는 조사 결과를 발표했다. 방사성탄소연대측정법의 결과, 1450년부터 1650년 사이의 것이라는 결론이 나왔다. 또한 3D 스캐너와 X선 촬영 결과, 턱 좌측 상단부에 난 직경 5밀리미터의 구멍은 1594년 암살 미수 사건 때 입은 상처와 일치했다. 목에는 1793년에 절단된 것으로 보이는 칼자국이 세 군데 남아 있다고 보고했다. 이것이 사실이라면 앙리 4세의 미라 머리는 생드니 대성당에 다시 묻히게 되는 것일까.

황제가 되지 못한 사나이

그는 결국 날지 못했다

19세기 말, 오스만의 파리 개조 사업으로 그 빛을 더한 파리. 그러나 화려한 파리의 모습과는 달리 프랑스는 만성적인 정치 위기를 안고 있었다. 모두가 현실 정치를 멀리하기 시작하던 그때, 불랑제 장군이 시원한 바람을 일으키며 등장했다. 나폴레옹의 분신과 같은 사나이의 등장에 시민들의 가슴은 뛰었다. 보수파 일소, 계급 대립을 해소한 국민적 화해로 사람들은 그에게 프랑스의 미래를 맡기고자 했다. 그러나 그 끝은 좋지 않았다.

조르주 불랑제. 때로는 강인하고 때로는 부드러웠던 그의 인상은 많은 여성들을 매료시켰다.

불랑제 장군 관련 지도
19세기, 프랑스 · 벨기에

복수를 위해 태어난 남자의
영광과 비참함

독일 통일의 지도권을 쥔 프로이센의 수상 비스마르크는 마지막까지 통일을 저지하려던 나폴레옹 3세를 교묘하게 도발해 보불 전쟁프로이센·프랑스 전쟁에서 승리했다. 그는 알자스로렌 주를 빼앗고 막대한 배상금을 획득했다. 그럼에도 불구하고 프로이센의 국왕 빌헬름 1세는 1871년 1월 18일, 한때 태양왕 루이 14세가 각국 대사와 공사를 접견하던 베르사유 궁전의 거울의 방에서 독일 황제로 즉위했다. 이는 프랑스인의 자존심을 갈가리 찢어놓았다.

독일에게 복수를

이날부터 이 말은 프랑스인들의 구호가 되었다.

나폴레옹 3세의 제정 붕괴, 보불 전쟁 패배와 세계 첫 사회주의 정권인 파리 코뮌의 난으로 프랑스는 큰 혼란에 빠졌고, 어려움 끝에 1870년에 제3공화정이 성립되었다. 그러나 자기 주장이 강한 프랑스인답게 '내가, 내가' 하며 여러 정치적 의견이 등장했고, 우익부터 좌익까지 소규모 정당이 분립해 국민적 일치를 보지 못했다. 또한 내각도 정신없이 바뀌었다.

열일곱에 육군사관학교 입학

이런 가운데 1886년, 온건공화파인 프레시네 내각의 육군 장관으로 발탁된 인물이 조르주 불랑제였다.

1837년, 프랑스 렌느의 가난한 가정에서 태어나 자란 그는 직업 군인의 길을 선택해 열일곱에 육군사관학교에 입학했다. 그는 소위 임관 후 식민지인 알제리에 파견되어 두 번의 부상 끝에 현지 게릴라를 제압했다. 이탈리아 통일 전쟁에서는 오스트리아군과 싸우다 가슴에 총탄을 맞기도 했다. 그 덕에 레지옹 도뇌르 훈장을 받고 중위로 승진했다. 또 1861년에는 인도네시아에 파견되어 이번에는 허벅다리에 총탄을 맞고 대위로 승진했다. 귀국 후에는 사관학교 교관이 되었는데, 넘치는 생기와 관용으로 학생들의 인기를 독차지했다. 1870년의 보불 전쟁에서는 오른쪽 어깨에 총탄을 맞고 대좌로 승진, 레지옹 도뇌르 4등 훈장을 받는 영광을 안았다. 이때 그의 나이는 서른넷이었다. 이례적으로 젊은 나이였다.

파리 코뮌의 난이 끝나갈 무렵에는 부하와 함께 파리에 입성하자마자 왼쪽 팔꿈치에 총탄을 맞아 한 단계 위인 레지옹 도뇌르 3등 훈장을 받았다. 이렇게 그는 부상을 입을 때마다 승진하거나 훈장을 받는 등 군인이 아니면 맛볼 수 없는 행복을 누렸다. 그리고 처세술 또한 능수능란했다. 1884년에는 프랑스 최연소로 그토록 염원하던 사단장으로 승진했다. 그리고 드디어 역사의 전면에 등장하는 때를 맞이했다.

육군 장관에 취임해
보수파를 일소하다

육군 장관에 취임한 불랑제는 은연중에 군에 영향력을 행사하던 왕당파와 우익의 영향력을 배제하기 위한 일련의 공화주의적 개혁과 군정 민주화에 기여했다. 우선 장기간 프랑스군의 실권을 장악해온 옛 왕실의 관계자를 일소하는 의회 결의를 충실히 수행했다. 그 결과 뮈라 왕자, 샤르트르 공, 나아가 불랑제의 승진을 뒤에서 지원한 최대 공로자이자 루이 필리프의 다섯째 아들이기도 한 오말 공작 등이 추방되었다. 이 때문에 보불전쟁에서 파리가 프로이센군에게 포위되었을 때, 기구를 타고 파리를 탈출해 전국에 결사항전을 호소한 감베타와 후에 '호랑이'로 불리며 명성을 떨친 클레망소 등의 급진 공화주의자는 불랑제에게 주목해 그와 접촉했다.

그의 인기는 프랑스 서부의 작은 탄광 마을 데카제빌에서 발생한 노동자 장기 시위를 계기로 더욱 공고해졌다. 장기화되는 시위에 애가 탄 정부는 군대 파견을 결정했다. 그러나 불랑제는 회의에서 "병사들은 자신들의 수프와 빵을 노동자들과 나눠먹게 될 것입니다."라는 재치 있는 답변을 내놓았다. 노동자 탄압이 아닌 군과 노동자 간의 친목으로 파병의 의도를 완화시킨 것이다. 이 연설에서 그는 노동자 계급을 자기편으로 만들었고, 이와 동시에 그의 이름을 프랑스 전역에 알렸다참고로 '불랑제, Boulanger'는 프랑스어로 빵집 주인을 의미한다. 우익이든 좌익이든 공화주의자이든, 국민들은 내부 분열을 반복하며 정쟁을 일삼는 정부에 완전히 질려 있었고, '애국의 구제자'를 열망하는 비합리적인 매력을 그에게서 발견하기 시작했다.

독일이 놓은 덫,
슈네블레 사건

이 무렵, 그의 이름을 널리 알리게 된 슈네블레 사건불랑제 사건이 발생했다.

보불 전쟁의 패배로 프랑스는 알자스로렌 주를 독일에 할양했는데, 이 때문에 바니 쉬르 모젤이라 불리는 작은 마을이 독일과 국경을 접하게 되었다. 그리던 와중에 1887년 4월 20일, 이 작은 마을의 경찰관 슈네블레가 독일 침입자들에게 납치된 것이었다.

새롭게 독일령이 된 마을에는 슈네블레의 지인이 많이 살고 있었고, 슈네블레는 보불 전쟁이 끝난 후에도 그들에게 초대받아 함께 차를 마시며 담소를 나누곤 했었다. 때문에 그날도 여느 때와 다름없이 자유롭게 국경을 넘어 다닐 수 있다고 생각했던 것이다. 독일도 이런 사실을 알고 있었기 때문에 일부러 덫을 놓았고, 불쌍한 경찰관 슈네블레는 독일이 놓은 덫에 걸리고 말았던 것이다.

불랑제를 국가 원수로

이에 프랑스 여론은 분노했다. 그리고 열흘 후, 독일은 슈네블레를 풀어줬다. 그러나 프랑스 여론은 좀처럼 가라앉지 않았다. 불랑제는 독일의 결정에 아무런 관여도 하지 않았다. 그러나 민중들은 육군 장관이 의연한 태도를 보였기 때문에 독일이 꺾인 것이고, 불랑제가 비스마르크를 공포에 떨게 한 것이라며 멋대로 해석했다. 프랑스 국민들은 불랑제를 '복수 장군', '비스마르크를 떨게 한 사나이'라고 부르며 그를 우러러보았다.

불랑제의 인기가 더욱 치솟아 7월 14일 혁명 기념일에는 롱샴 경마장에서 거행된 관병식에 애마를 타고 행진하는 미남 불랑제를 보기 위해 많은 여성들이 몰려들어 부상자가 나왔을 정도라고 전해진다. 그를 칭송하는 상송도 전국적으로 유행했다. 이 상송의 후렴구인 "정말이지 난 반해버렸다네, 불랑제 장군의 용맹함에"는 하룻밤 만에 파리를 석권했다. 그리고는 '불랑제를 국가 원수로!'라는 구호 아래 불랑지즘불랑제 장군을 중심으로 프랑스의 영광을 되찾겠다는 우익단체들의 운동의 격한 파도가 밀려오기 시작했다.

그러나 클레망소는 이 비정상적인 인기와 민족주의에 경계심을 품었다. 그는 불랑제에게 기대를 걸고, 그를 육군 장관으로 추대한 인물이었다. 그러나 안이한 민중의 인기에 편승한 육군 장관이 쿠데타를 일으켜 공화정을 무너뜨리고 막강한 독재 권력을 행사하지 않을 거란 보장은 없으며, 만약 그렇게 된다면 제3공화정은 무너지고 말 것이라고 괜한 걱정을 한 것이다. 이는 클레망소만의 생각이 아니었다. 온건공화파도 육군 장관이 부담스러워지기 시작했다. 이에 1887년, 루비에 내각은 불랑제를 해임했다. 우익단체는 "불랑제가 경질될 경우 2만 명이 '배신자를 쓰러뜨려라. 불랑제 만세'를 외치며 길거리를 뛰어다닐 것이다. 잘 설득하면 군대도 그들 편에 설 것이다."라고 협박했다. 결국 불랑제는 제13사단장으로서 프랑스 중부의 클레르몽페랑으로 향하게 되었다.

그러나 7월 8일 출발 당일, 우익인사인 데엘레이드가 이끄는 애국자동맹의 호소로 불랑제의 출국을 저지하려는 인파가 파리 리옹 역에 모여들었다. 그들은 "불랑제를 엘리제궁대통령 관저으로"를 외쳤고, 프랑스 국가를 소리 높여 부르며 열차로 밀려들었다. 선로 위에 드러누워 출발을 방해하는 자도 나타나는 등 혼란한 소동극이 벌어졌다. 그러나 이를 예상했던 불랑제는 군복 대신 실크 모자를 깊이 눌러쓴 신사복으로 변장해 미리 준비된 다른 열차에 올라탔고, 중간 역에서 클레르몽페랑행으로 바꿔 탔다.

쿠데타 단행의 무대는
마련되었지만

이 엄청난 소동을 뒤로한 채 부임지에 도착한 불랑제는 파리에서부터 몰래 그를 쫓아온 이혼소송중인 유부녀 마르그리트 본맹 부인과 밀회를 거듭하고 있었다. 불랑제 또한 본처와의 관계가 끝난 상태였다.

나아가 불랑제는 왕당파 및 나폴레옹 일족 등과도 접촉해 미래의 정권 기반을 다지고 있었다. 어쩌면 반대로 왕당파가 그를 이용해 복권을 도모하고 있는지도 모르는 일이었다. 지금껏 공화당을 지지해왔던 장군은 공화국을 배신했고, 자신의 요구를 의회 해산, 헌법 개정, 입헌의회 소집의 세 가지로 압축해나갔다. 또 무력 혁명을 주장하는 급진 좌파인 블랑키스트와 파리 코뮌의 예전 동료와도 접촉했다.

이 무렵 쥘 그레비 대통령의 사위인 대니얼 윌슨이 받은 훈장과 관련해 스캔들이 터지면서 대통령은 사임 압력을 받았다. 그러나 이때 허가 없이 신문 인터뷰에 응한 불랑제도 견책 처분을 받게 되었고, 이를 계기로 불랑제는 육군을 떠나게 된다.

이후 대통령 후임은 온건공화파인 쥘 페리가 될 것이라는 소문이 나돌았다. 그러나 이 소문에 여론은 크게 들끓었다. 페리는 독일군에 용감히 저항하던 파리 코뮌을 가혹하게 탄압했던 장본인이었기 때문이다.

'파리를 덮친 고통과 불행을 참고 견딘 사람들의 이름으로, 페리를 쓰러뜨려라. … 10월 31일 파리 시민을 속이고, 1월 2일 그들에게 일제 사격을 명한 페리를 타도하라. … 국가의 수치, 페리를 죽여라.'

이렇게 쿠데타 단행을 위한 무대는 마련되었다. 군적을 떠나 일개 개인 신분으로 돌아온 불랑제를 민중들은 내버려두지 않았다. 지방 보궐선거에 출마할 때마다 불랑제는 당선됐다. 1889년 1월 최대 승부처인 파리 보궐선거에서 불랑제는 압승을 거두었다. 신바람이 난 애국자동맹은 그에게 쿠데타 단행을 촉구했다. 그러나 이번에는 불랑제가 신중한 태도를 취했다. '쿠데타에 실패할 경우 지금까지의 영광을 모두 잃게 된다. 성공한다 하더라도 정치 경험이 없는 내가 국가를 잘 운영할수 있을 것인가. 민중들은 내게 독일에 대한 단호한 복수를 요구할 터인데, 과연 지금의 프랑스 군사력으로 독일을 칠 수 있을 것인가.' 그는 거듭 망설였다.

결국 그는 날지 못했다

쿠데타가 임박한 분위기에 위기감이 고조된 정부는 반격에 나섰다. 정부는 확고한 공화주의자인 콩스탕을 내무 장관으로 지명했다. 그리고 애국자동맹을 소추하고 치른 결석재판에서 불랑제를 무기형에 처했다. 불안에 떨던 그는 체포의 손길을 피해 벨기에로 도망갔고, 지지자들은 여전히 불랑제에게 결단을 촉구했다. 그러나 결국 그는 날지 못했다. 이렇게 기회는 한순간에 사라졌다. 우유부단한 불랑제에게 정나미가 떨어진 지지자들도 뿔뿔이 흩어졌다. 진퇴양난에 빠진 불랑제는 그의 아이를 임신한 사랑하는 연인 본맹 부인과 함께 영국으로 도피하는 신세가 되었다.

쿠데타의 불씨는 급속히 사그라졌다. '태산명동 서일필泰山鳴動鼠一匹, 요란하게 일을 벌였으나 실제의 결과는 매우 보잘것없는 경우'인 셈이다. 마음고생이 심했던 나머지 본맹 부인도 폐병을 얻었다. 그녀는 죽기 전 침상에서 "그분이 계신 곳이라면 어디든 함께하겠습니다. 내 목숨을 바친 분이니까요. 그분은 어디든 저를 데리고 가실 수 있었고, 저를 어떻게 하시든 그분 마음이었던 것입니다."라는 눈물겨운 말을 남기며 타계했고, 세상 사람들도 그를 잊었다. 초췌해질 대로 초췌해진 불랑제는 1891년 9월 30일 화환으로 장식된 브뤼셀의 본맹 부인 묘지 앞에 무릎을 꿇고 권총으로 오른쪽 이마를 쐈다.

LE SUICIDE DU GÉNÉRAL BOULANGER
La scène reconstituée d'après des documents recueillis sur place par notre envoyé spécial, M. Riou.

자살로 생을 마감한 조르주 불랑제
1891년 불랑제는 브뤼셀의 익셀 공동묘지에 묻힌 연인
마르그리트 본맹의 무덤 위에서 그녀가 죽은 지 2개월 후에
스스로 목숨을 끊었다.

비참한 희극으로

마르크스의 《루이 보나파르트의 브뤼메르 18일》은 다음의 유명한 첫머리로 시작된다.

> 헤겔은 어디선가 세계사에서 막대한 중요성을 지닌 모든 사건과 인물들은 반복된다고 언급한 적이 있다. 그러나 그는 다음과 같은 말을 덧붙이는 것을 잊었다. 한 번은 비극으로 다음은 소극笑劇으로 끝난다는 사실 말이다.

마르크스는 패전의 책임을 지고 스스로 퇴위한 나폴레옹 보나파르트를 첫 번째 비극에, 세단 전투에서 독일 포로가 된 나폴레옹 3세를 두 번째 소극에 빗대어 말한 것인데, 이 명언은 우유부단했던 불랑제 장군에게도 해당된다.

백성
民

제 2 장

'백성'은 우둔하다. 대부분의 위정자들은 그렇게 생각해 왔고, 지금도 그렇게 생각한다.

일반적으로 '백성(民)'은 민초(民草)나 창맹(蒼氓) 등 특징 없이 끝없이 펼쳐진 평원이나 넓은 바다처럼, 막연하고 종잡을 수 없는 말로 표현되어 왔다. 그러나 끝없이 펼쳐진 평원의 초목 한 그루나 넓은 바다의 파도가 일으키는 물보라와 거품을 바라보라. 그러면 사람들의 숨결이 느껴지고 그들이 일상을 영위하는 모습이 보일 것이다. 이는 방대한 역사의 시간 속에서 한 사람 한 사람이 자신의 삶을 보여주는 것이다. 그리고 이 사람들의 지나칠 수 없는 방대한 삶의 궤적이 곧 역사가 된다.

이번 장에서는 사지(死地)에 내몰린 수많은 사람들을 구하기 위해 목숨을 던진 사람들, 잘못된 열정에 사로잡혀 사람들을 죽음으로 내몬 남자, 무자비하고 거대한 권력에 당당하게 맞서 싸운 강하고도 약한 여성들, 불합리한 권위 대신에 지상의 천국을 실현하려 한 남자, 그리고 무너지기 일보직전인 시대의 암담함을 조롱하며 비웃던 남자의 일화를 소개하려고 한다.

로댕의 걸작
〈칼레의 시민〉

하나같이 누더기를 걸친 채 피곤에 지친 여섯 명의 남자들

로댕(1840~1917)은 살아생전 수많은 좌절과 시련을 겪었다. 에콜 데 보자르(프랑스 국립미술학교)에 세 번 응시했으나 모두 떨어졌다. 그리고 감수성이 예민한 이십대에는 여동생의 죽음으로 인해 깊은 슬픔에 빠져 수도원에 들어갔다. 하지만 수도사가 되기에는 예술에 대한 집착이 너무 강한 나머지 다시 속세로 돌아왔다. 그 후 작품을 살롱에 출품하지만 모두 떨어지고 만다. 그러나 삼십대 중반의 이탈리아 여행에서 르네상스 거장들과의 해후가 그의 창작에 결정적인 영향을 미쳤다. 〈칼레의 시민〉의 남자들의 군상 하나하나는 바로 동시대인의 삶의 무게를 잘 말해주고 있다.

〈칼레의 시민〉을
완성하기까지 로댕은 여러 번
시작(試作)을 했다. 이것도
그중 하나다.

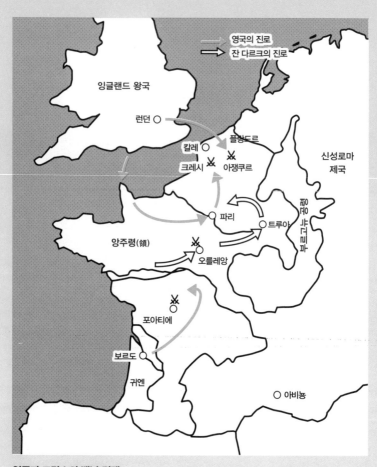

영국과 프랑스의 백년 전쟁
15세기, 영국과 프랑스, 그리고 요충지 칼레

백년 전쟁의 암운이
유럽을 뒤덮다

노르망디 공 윌리엄은 잉글랜드를 정복한 후, 프랑스의 대제후 앙주 가문의 헨리 2세로 즉위하고 가령家領인 프랑스의 서반부와 브리튼 섬의 대부분을 영유한 '앙주 제국'을 건설했다. 앙주 가문은 표면적으로는 잉글랜드에서는 왕국, 프랑스에서는 프랑스왕의 가신家臣이라는 관계를 유지했지만, 프랑스 왕국에 대한 복종은 굴욕 그 자체였다. 그렇기 때문에 틈만 나면 프랑스의 왕관을 차지하려고 기회를 노리고 있었다.

한편 프랑스의 카페 왕조도 12세기 후반부터 14세기 전반에 걸쳐 필리프 2세존엄왕: 재위 1180~1223, 루이 9세성왕: 재위 1226~1270, 필리프 4세미남왕: 재위 1285~1314 등 영명한 제왕이 이어지고, 프랑스 국내에서 노르망계 제후의 세력을 서서히 구축하여 왕권 확대를 도모하고 있었다. 그러나 1328년 샤를 4세의 죽음으로 카페 왕조는 남성 왕위 계승자의 혈통이 끊어져 왕위는 필리프 4세의 조카인 발루아 가문의 샤를 드 발루아의 아들 필리프에게 승계되었다. 그는 즉시 필리프 6세로서 국왕의 대관식이 거행되는 랭스에서 왕위에 취임하려고 했지만, 호시탐탐 기회를 엿보고 있던 잉글랜드 국왕 에드워드 3세가 이를 중지시켰다.

에드워드가 이의를 제기한 이유는 이랬다. 에드워드의 어머니 이자벨라는 필리프 4세의 딸로 플랜태저넷 왕조 잉글랜드 왕 에드워드 2세와 결혼하여 에드워드 3세를 낳았다. 그렇기 때문에 에드워드 3세는 필리프 4세의 손자이며, 따라서 왕위 계승권이 있다고 주장한 것이다. 참고로 1327년, 부왕 에드워드 2세는 폐위되고 적자인 그가 열다섯의 나이로 에드워드 3세로 즉위했다. 그렇지만 그는 부왕의 폐위가 어머니 이자벨라와 어머니의 연인 로저 모티머의 음모이고, 두 사람이 어린 그를 국왕으로 앉히고 정치를 농단하는 것을 용서할 수 없었다. 결국 1330년에 모티머를 처형하고 어머니를 감금하여 정치의 실권을 되찾았다는 점에서 얼핏 보면 햄릿과 비슷한 면도 있지만, 햄릿보다는 터프하고 호탕한 성격의 젊은이였다.

경제적 이익을 둘러싼
영국과 프랑스의 대립

에드워드 3세가 프랑스 왕의 왕위를 요구한 진짜 이유는 플랑드르와 귀엔 지방의 경제적 이익 때문이었다.

현재 벨기에에 해당하는 플랑드르는 잉글랜드에서 수입한 양모를 가공하여 모직물을 만드는 산업의 중심지로 서유럽의 경제중심지로 발전했다. 이 때문에 이 지역은 영국과 프랑스의 쟁탈에 휘말려 분쟁이 끊이지 않았다.

한편 귀엔 지방프랑스 서남부의 아키텐과 거의 겹치는 지역은 프랑스 최대 제후인 앙주 백작이자 플랜태저넷 왕조의 선조인 헨리 2세가 아키텐의 영주 엘레오노르와 정략 결혼하여 손에 넣은 포도의 주산지이며, 와인을 비롯한 기타 중요한 생산품을 수출하는 항구도시 보르도를 끼고 있었다. 이 두 지방의 지배권을 확고히 하기 위해서 에드워드 3세는 어떻게든 프랑스 왕위를 갖고 싶었던 것이다.

잉글랜드군에 의한
칼레 포위전

잉글랜드 왕국 입장에서는 북으로 뻗어나가는 스코틀랜드 왕국이 은혜를 원수로 갚은 격이었다. 그래서 잉글랜드는 스코틀랜드를 정복하려고 지금까지 수년에 걸쳐 전쟁을 계속해 왔으며, 각국도 이 전쟁에 개입하여 우열을 가릴 수 없는 전쟁을 계속하고 있었다.

이 스코틀랜드 문제로 1337년, 필리프 6세는 에드워드에게 귀엔 지방의 몰수를 선고했다. 한편 에드워드 3세도 필리프의 프랑스 왕위를 참칭하기로 결정하고, 신하의 예를 갖추지 않고 프랑스 왕위계승을 선언했다. 이것이 바로 잘 알려진 백년 전쟁의 시작이었다.

처음에는 작은 분쟁이 계속되었지만, 1346년 7월, 에드워드 3세는 노르망디에 상륙하고 파리를 우회하여 플랑드르의 크레시프랑스 북쪽의 영국 해협에 가까운 마을에서 필리프 6세를 세승한 장 2세와 맞서 싸웠다. 잉글랜드의 에드워드 흑태자에드워드 3세의 맏아들로 아버지를 따라 백년 전쟁에 참가했고, 검은 빛깔의 갑옷을 입어 흑태자라 불렸다가 거느린 장궁대의 눈부신 활약과 처음 투입된 대포의 위력 앞에 프랑스군은 크게 패배했다. 그러나 잉글랜드군도 힘이 다하여 더 이상의 전진은 불가능했다. 그래서 잉글랜드군은 프랑스에 교두보를 확보하기 위해 전략적으로 중요한 도시인 칼레를 공략하기 시작했다.

칼레는 해자성 주위에 둘러 파서 못으로 만든 곳를 둘러친 이중 성벽과 시의 서북부에도 철저한 군비를 갖추고 있었다. 또한 영국과 프랑스 해협에 접해 있으면서 잉글랜드와도 가까운 거리에 있었기 때문에 바다를 통해 물자를 보급 받을 수 있었다.

이에 1346년 9월부터 본격적인 포위가 시작되었다. 그렇지만 대포나 투석기 등의 공성용 병기는 생각처럼 위력을 발휘하지 못했다. 따라서 단기전은 불가능하다고 판단한 잉글랜드군은 군량 공격으로 작전을 변경했다. 칼레는 처음에 프랑스와 동맹을 맺은 제노바의 배로 물자를 얻을 수 있었지만, 잉글랜드군이 이를 막고 본국에서 증원을 받아 더욱 더 완벽히 칼레의 해상을 봉쇄했다.

왕비의 탄원이
여섯 명의 생명을 구하다

포위가 장기화되자 칼레 시내는 아비규환의 지옥과도 같은 모습을 보였다. 식재료와 물 공급이 모두 끊기고, 식구를 줄이기 위해 5천 명 가까운 노인과 아이들이 성 밖으로 나왔다. 잉글랜드군은 그들을 되돌려 보냈지만 성안으로 돌아가지 못해 성벽 밖에서 굶어죽는 사람이 속출했다. 이를 차마 볼 수 없었던 에드워드 3세는 그들에게 식사를 제공하고 돈을 주어 보냈다고 한다.

포위된 지 1년이 지난 1347년 8월 1일, 구원의 희망이 사라진 칼레의 수비대와 시민들은 결국 성문을 열기로 결의하고 잉글랜드군에게 항복했다. 이때 에드워드 3세는 주민의 생명과 칼레를 대표하는 주요인물 여섯 명을 맞바꿀 것을 요구했다. 그리고 그들 여섯은 목에 밧줄을 감고 알몸에 가까운 모습으로 직접 나와 칼레 시市의 열쇠를 넘겨줄 것을 명령 받았다. 당시 목에 밧줄을 감는 것은 항복의 뜻을 나타내는 굴욕적인 관례였다.

답답한 침묵 속에서 칼레 시에서 가장 부유한 인물이었던 유스타슈 드 생 피에르가 앞장섰다. 이어 장 데르, 장 드 피엥스, 자끄 드 위쌍, 피에르 드 위쌍, 앙드리에 당드르 다섯 명이 그의 뒤를 따랐다. 여섯 명의 남자들은 생 피에르를 선두로 무

오귀스트 로댕

인간 형상의 사실주의적 재창조와 감정을 드러내는
표현주의적인 얼굴 묘사로 잘 알려진 위대한 조각가.
그가 만들어낸 형상들에는 마치 살아 숨 쉬는 듯한
생명력이 느껴진다.

거운 발걸음을 이끌고 성문으로 향했다. 그러나 처형 직전에 그들의 운명은 곧 출산을 앞둔 에드워드 왕비의 필사적인 탄원으로 구원을 받았다. 에드워드는 장차 태어날 아이를 위해서 왕비의 간청을 받아들인 것이다.

로댕은 무엇을 전달하려고 한 것일까

칼레 시는 백년 전쟁 중에 이 마을을 구한 여섯 명의 영웅적 시민을 기리기 위해 대조각가 오귀스트 로댕에게 조각상 제작을 의뢰했다. 로댕은 여섯 명의 남자가 죽음을 향해 걸어가는 극한적인 모습을 표현하기 위해 시행착오를 거듭하면서 군상이라는 형태로 제작했다. 하지만 완성된 작품은 칼레 시가 기대한 숭고한 영웅의 모습이 아니었다. 하나같이 누더기를 걸치고 피곤에 지친 여섯 명의 남자들이 절망과 고뇌 속에 칼레 시의 열쇠를 손에 쥐고 다함께 목에 밧줄을 감은 채 맨발로 성문을 향해 걸어가고 있는 정경을 그린 비장한 모습이었다. 이에 당시 칼레 시는 로댕의 이 조각상을 거부했다. 그러나 다행히도 이 걸작 군상은 먼 이국의 미술관 앞 정원에 전시되었고, 우리들에게 무언가를 계속 호소하고 있다.

데카브리스트의
아내들

사랑의 끈은 결코 끊어지지 않는다

15~16세기 이후에 러시아 황제는 '차르'라고 불렸다. 차르의 어원은 고대 로마의 '카이사르'에 있다. 중세 러시아에서는 최고의 주권자라는 의미에서 비잔틴(동로마) 황제를 가리켰다. 1453년에 비잔틴 제국이 멸망한 후, 마지막 비잔틴 황제의 조카와 결혼한 이반 3세가 로마 제국의 황제 칭호와 비잔틴 제국의 '쌍두 독수리' 문장(紋章), 그리고 비잔틴 제국의 왕관(모노마흐의 모자)을 계승하였고, 1547년에 이반 4세가 차르라는 호칭을 사용했다. 이후 차르는 신의를 구현하는 지상 최고의 절대적인 권위가 되었다. 그리고 차르를 중심으로 한 전제적인 지배를 '차리즘'이라고 부르게 되었다.

표트르 1세의 '청동의
기사상'을 둘러싸고 결집한
데카브리스트의 병사들.

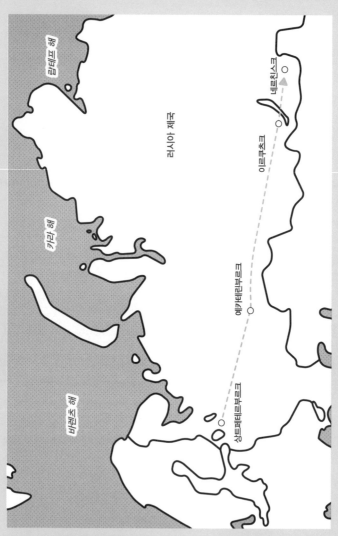

데카브리스트 아내들의 이동 경로
19세기 전반, 러시아

보로디노 전투가 가져온 고양감

나폴레옹이 '생애 최대의 전투'라고 명명한 1812년 9월 보로디노 전투는 결과적으로 나폴레옹을 몰락시킨 계기가 되었다. 이때 러시아인은 서유럽에서 말하는 국민국가의 일체감을 느꼈다. 신분이라는 틀에서 벗어나 귀족, 평민, 농노 모두 한 사람의 러시아인으로서 침략자와 싸운 일체감은 지금까지 느낄 수 없었던 고양된 시민의식을 러시아인에게 심어주었다.

이후에 데카브리스트의 반란을 주체적으로 일으키는 파벨 페스텔, 열아홉의 세르게이 무라비요프, 열여덟의 이반 야쿠슈킨, 그리고 연장자 니콜라이 트루베츠코이 등 모두 러시아 굴지의 명문귀족 출신인 젊은 장교들도 이 고양감에 젖어 있었다.

혈기왕성한 그들은 나폴레옹의 뒤를 쫓아 파리로 갔다. 그러나 그들은 패전국 파리의 민중에게서 어두운 면은 찾아볼 수 없었다. 모두 하나같이 자유롭고 내일에 대한 희망으로 가득한 표정이어서 놀라지 않을 수 없었다. 어째서 이렇게 밝은 것일까?

그 해답을 찾는 데는 그리 오랜 시간이 걸리지 않았다. 러시아 입장에서 나폴레옹은 분명 국토를 유린한 미운 적이었지만, 그가 '프랑스 혁명의 자식'으로서 전 유럽에 혁명의 성과인 자유정신을 전한 것 또한 사실이었다. 게다가 무엇보다도 나폴레옹이 거느린 병사들도 전쟁을 하면서, 혁명으로 손에 넣은 성과를 잃고 혁명 전의 힘없고 비참한 상태로는 되돌아가고 싶지 않다는 의식을 공유하고 있었다. 귀족이 지휘하는 가국의 군대와는 달리 일반 시민이 자발적으로 총을 들었기 때문에 나폴레옹이 이끄는 프랑스군은 무적의 힘을 발휘한 것이었다. 젊은 러시아 귀족들은 '국민 만세!Vive La nation!'를 외치며 싸운 프랑스군이야말로 국민국가의 강인함을 보여주었다는 사실을 자각했다.

서유럽 사회와 동떨어진
러시아의 차리즘

전쟁으로 인해 고양된 일체감도 잠시, 러시아는 황제 알렉산드르 1세가 총애하는 알렉세이 아락체예프의 지배하에 다시금 차리즘의 압박으로 고통 받고 있었다. 게다가 나폴레옹에게 반격하여 나폴레옹을 몰락의 길로 몰아넣었다는 자신감으로부터 차리즘은 더욱 더 가혹하게 민중을 압박했다. 하지만 귀국한 귀족의 청년 장교들이 직면한 것은 서유럽 사회와는 동떨어진 러시아의 현실이었다. 이러한 폐색閉塞의 기운은 각지의 농민반란을 유발시키고, 지식인과 진보적 여론의 초조함을 부추겨 이윽고 데카브리스트 반란의 밑바탕이 되었다.

귀족의 청년 장교가 비밀결사를 결성

1816년, 세르게이 무라비요프와 이반 야쿠슈킨 등 여섯 명의 근위 귀족 청년 장교는 비밀결사 '구제동맹'을 결성했다. 그 계기가 된 것은 그들이 나폴레옹 전쟁 종군 중에 농노 출신의 병사와 접하면서 농노의 비참한 현실을 알게 되었기 때문이었다.

그리고 농노제의 폐지, 모든 인간이 법 아래에 평등하다는 의미에서 재판의 공개, 농민들을 무겁게 짓누르고 있었던 농경과 병역의 의무를 지는 둔전제의 폐지 등을 동맹의 방침으로 삼았다. 그렇지만 장래 러시아의 국가상에 관한 그들의 생각은 일치하지 않았다. 입헌군주제를 주장하는 사람, 공화제를 주장하는 사람, 나아가서는 무장봉기의 시비와 시기에 대해서도 의견이 분분했다. 결국 페스텔리를 중심으로 남러시아의 툴친을 본거지로 한 '남부결사'와 세르게이 무라비요프를 중심으로 상트페테르부르크를 본거지로 한 '북부결사'로 분열되었다.

남부결사는 제정 타도와 공화제 수립을 주장하는 헌법 초안 〈루스카야 프라우다〉를 만들고, 북부결사는 미합중국헌법을 바탕으로 한 입헌군주제와 연방제를 주장하는 헌법 초안을 만들었다. 그렇지만 봉기 때에는 혁명적 장교가 지휘하는 기존 군대가 무력을 행사하고 민중의 참가를 요구하지 않는다는 점에서 양쪽 모두 일치했다.

실패로 끝난 데카브리스트의 반란

1825년 11월 19일, 황제 알렉산드르 1세가 악성 열병으로 여행지에서 급사했다. 황제에게는 후계자가 없었기 때문에 개방적이라고 소문난 동생 콘스탄틴 대공이 후계자가 될 것으로 보고 있었으나, 콘스탄틴은 폴란드 여성과 신분의 차이가 나는 결혼을 하여 이미 계승권을 포기한 상태였다. 그래서 알렉산드르는 둘째 동생 니콜라이를 황위 계승자로 지정했다. 그런데 니콜라이에게 이 사실을 알리기 전에 황제는 세상을 떠나고 말았다.

니콜라이는 전제 지배의 기반인 근위장병에게 신임을 얻고 있지 않았기 때문에 공식적으로 형인 콘스탄틴을 제치고 즉위할 수는 없다고 즉위를 보류했다. 이 사이에 제위는 잠시 공석이 되었다. 이때야말로 봉기의 기회라는 의견이 데카브리스트들에게 용기를 북돋워 주었다. 하지만 결정적으로 궐기를 결단한 것은 그들의 결사가 밀정에게 발각되어 주요 멤버가 곧 체포될 것이라는 생각 때문이었다.

1825년 2월 14일은 새로 즉위한 황제 니콜라이에 대한 충성 선서식이 거행되는 날이었다. 이날 아침, 차가운 바람이 부는 가운데 데카브리스트의 장교가 거느린 약 3천 명의 병사가 상관의 명령을 받고 원로원 광장에 도착했다. 하지만 병사들은 사태를 파악하지 못했다. 이 점은 일본의 2·26사건에 강제로 참가한 병사와 마찬가지였다. 데카브리스트는 니콜라이에 대한 선서를 거부하고 헌법을 요구했다. 그러나 거의 통제가 되지 않는 상태였던 반란군은 근위연대의 일제사격으로 사방으로 흩어졌다. 남부결사의 운명도 마찬가지였다.

남편의 뒤를 따라 시베리아행을 선택한 아내들

데카브리스트의 반란 직후, 특별법정이 열리고 페스텔리 등 다섯 명의 주모자는 교수형에 처해졌고, 121명은 시베리아 등으로 유형流刑되었다. 그러나 사람들의 눈물샘을 자극한 것은 다름 아닌 유형자들의 아홉 아내의 용감한 행동이었다. 그녀들은 모두 이름이 알려진 명문귀족의 부인들이었다. 그녀들은 주위의 반대를 무릅쓰고 귀족의 칭호를 버린 채 호화로운 생활과 자녀들과의 결별을 맹세했다. 그리고는 극한의 계절에 1만 킬로미터나 떨어진 시베리아 황야로 향했다.

그녀들 중에는 사건이 일어나기 몇 개월 전에 남편으로부터 불합리한 이혼 요구를 받고 눈물을 머금은 채 사인을 했지만, 지금에서야 그 이유를 알게 된 사람도 있었다. 철도가 없던 시대였기 때문에 그녀들은 썰매와 마차를 갈아 타고 서로 격려하면서 남편이 있는 불우와 굴욕의 땅 시베리아로 향했다. 니콜라이 1세는 한 번은 그녀들이 시베리아로 가는 것을 허가했다. 하지만 사건이 사회에 미치는 영향이 크고 세상이 그녀들을 동정하는 것이 두려워 도중에 다시 돌려보내려고 했으나 소용없었다.

그녀들이 이르쿠츠크에 도착했을 때, 무자비한 차리는 다시 그녀들의 명예와 재산상의 권리를 박탈하고 '유형자의 아내'라는 명칭을 부여하여 그녀들을 모욕했다. 또한 유형지에서 사랑하는 남편과의 사이에서 태어난 아이는 관영 공장의 노동자가 된다는 내용이 포함된 문서에 사인을 시켰다. 그렇지만 그녀들은 그 무자비한 운명을 받아들이고, 마침내 네르친스크의 광산에서 남편들과 재회했다.

장편시로 생생하게 묘사된 감동의 재회

우리들의 오열에 파수꾼도 두 손 두 발을 다 들었다. 우리가 신께 기도하는 마음으로 간곡하게 부탁했기 때문이다. 파수꾼은 관솔불과 같은 등불을 켜주었다. 지하실 같은 곳으로 들어간 우리는 아래로 아래로 내려갔다. 이윽고 텅 빈 복도가 나왔다.

신께서 무시무시하게 갈라진 틈, 무너진 흙더미 속에서 동굴 입구를 무사히 인도해 주셨다.

얼마 안 되어 전방에 등불이 보였다. 마치 별과 같이 빛났다. 기쁨의 절규가 가슴속을 파고들었다. '불빛이다!' 나는 가슴에 십자가를 그렸다. 그리고 그곳에는 사람의 그림자가, 이봐, 망치 소리! 일하는 소리, 사람의 움직임이…

아, 아, 그곳에는 그 사람들이! 그 사람들은, 내가 온 것을 알까? 가장 끝에 있던 한 사람이 외쳤다. '신의 사자가 아닌가 보게.'

―보르콘스카야다― 갑자기 트루베츠코이가 소리쳤다.

나는 그 목소리를 알아들었다. 우리 쪽으로 사다리가 내려왔다. 나는 쏜살같이 올라갔다.

모두 내가 아는 사람들―세르게이, 트루베츠코이, 알렉세이, 무라비요프

진심에서 우러나오는 기쁨의 말, 용감한 여심에 대한 칭찬이 봇물처럼 쏟아졌다. 가여운 사람들, 그 사람들의 뺨에 눈물이 흘러내렸다.

―《데카브리스트의 아내들》, 니콜라이 네크라소프,

타니 코헤이 역, 이와나미쇼텐

　실제로 그녀들을 취재하고 창작한 네크라소프의 장편시 〈데카브리스트의 아내들〉의 재회 장면은 읽는 이로 하여금 깊은 감동을 느끼게 한다. 사랑의 끈은 결코 끊어지지 않는다. 차르의 검보다도 훨씬 강하다.

은자 피에르와
민중 십자군의
전말

나는 이와 같은 영예를 받은 자를
지금껏 본 적이 없다

불과 얼마 전까지만 해도 중세 유럽은 암흑시대라고 일컬어졌다. 평
온하고 단조로운 세상, 즉 오랫동안 정체된 시대였다는 견해가 바로
그것이다. 그러나 최근 중세사를 보는 시각이 크게 달라졌다. 소위
아날학파의 등장도 새로운 중세사관을 가져왔다. 마르크스주의와 같
이 현대 시점에서 보는 예단적인 분석과 해석을 버리고, 몇 년 몇 월
며칠 어떤 마을의 하루를 사료에 입각하여 상세하게 재현하는 것에서

부터 시대를 재현하는 것이다. 그리고 이러한 꾸준한 작업을 통해 사람들의 숨결이 고스란히 전해지게 되었다. 은자 피에르가 민중 십자군을 지휘한 성성(聖性)도 그러한 시점에서 재조명되었으면 한다.

사람들에게 성지 탈환을
설명하는 은자 피에르(왼쪽 끝).

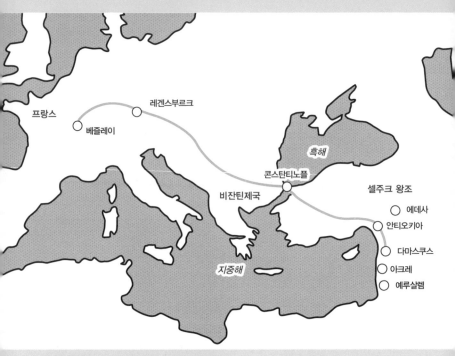

민중 십자군의 주요 진로, 11세기 후반
유럽에서 중동에 이르는 지역

종교적 열정이 가득한
중세 유럽의 비극

중세 유럽 세계에서 수도원의 역할은 매우 컸다. 특히 11세기, 성 로베르가 프랑스 중부에 창설한 시토파 수도회는 성 베르나르에 의해 더욱 발달했다. 시토파 수도원에서는 공동생활을 하는 젊은이들이 광대한 숲을 개간하였는데, 이 때문에 서유럽은 단숨에 경지가 늘어났다. 또한 농업기술이 비약적으로 발전하면서 생산이 급속하게 증대된 농업혁명을 계기로 경제도 발전했다. 그리고 화폐경제가 부활하여 11세기부터 12세기에는 '상업의 르네상스'라고 불리는 시대를 맞이했다. 이와 같이 유럽 내부에 힘이 축적되자 외부로 눈을 돌리게 되면서 십자군을 결성하게 되었다.

한편 중세 유럽에는 수도원에서 공동생활을 하면서 수업修業하는 사람들과 달리 은수자 또는 은자라고 불리는 수행자도 많았다. 그들은 신구 성서의 라틴어 번역을 완성한 성 히에로니무스 등과 같이 사막과 황야에서 세속에 얽매이지 않는 생활을 하거나, 주두행자株頭行者 즉 사원의 기둥 위에서 수행하는 자, 심지어는 굳이 자신의 몸을 유혹이 넘치는 장소에 두고 필사적으로 욕망을 이겨내려 하는 행자行者도 있었다. 이러한 은자들에게는 기성 그리스도교인에게는 없는 성성의 오라가 나오고, 이것이 소박한 중세 사람들을 매료시켰다. 그중에서도

십자군의 발단이 되었던 민중 십자군을 지휘한 은자 피에르가
그 대표적인 인물이라고 할 수 있다.

남자의 웅변은 군집에
절대적인 영향을 미친다

은자 피에르라는 남자의 출신에 대해서는 알려진 바가 없다.
1115년에 사망했으니 11세기 중반 경에 태어났을 것이라고 추
측한다. 11세기 말에는 프랑스 북부에 있는 아미앵이라는 도시
의 사제였다고 한다. 그를 만난 적이 있는 신학자이자 역사가
인 기베르 드 노장에 의하면, 피에르는 양모 튜닉두 장의 천을 사
용하여 어깨와 겨드랑이 양쪽을 꿰매어 이은 무릎까지 오는 의복을 몸에 두르
고, 두꺼운 양모 털실로 짠 두건을 하고 발까지 내려오는 망토
를 입고 있었는데, 속옷은 입지 않고 맨발로 당나귀를 타고 이
동했다고 한다. 피에르는 체구가 작아서 '꼬마 피에르'라는 별
명을 가지고 있었다.

　체구는 작았지만 피에르의 웅변은 군중에게 절대적인 영향
을 미쳤다. 기베르는 '이 남자가 설교를 할 때 마을에는 사람들
로 가득 차 있었다. 그리고 그가 엄청난 군중에 둘러싸여 호평
과 갈채를 받고 있는 것을 보았다. 나는 이와 같은 영예를 받은
자를 지금껏 본 적이 없다.'《십자군의 남자들》, 레진 페르누 저, 후

쿠모토 히데코 역, 하쿠수이샤)라고 증언했다.

열광적인 군중은 피에르의 몸을 만지고
의복을 쥐어뜯었다

은자 피에르는 예루살렘을 순례할 당시 총대사교 시메온으로
부터 그곳의 그리스도교도가 놓여 있는 불행한 입장에 대해 듣
고 십자군을 일으킬 결의를 했다.

가슴속에서 깊은 한숨이 나오고 연민의 정에 이끌려 닭똥
같은 눈물을 뚝뚝 떨어뜨린 피에르는 이 사태를 타개하기 위
해 회의를 열 수는 없는지 물었다. 그러자 시메온은 이웃 나라
인 비잔틴 제국은 자신들을 지키는 것조차 힘겹기 때문에 도
움을 기대할 수 없지만 프랑스인이라는 훌륭한 그리스도교도
라면 우리를 구원해줄지도 모른다고 말했다.

프랑스인인 피에르는 이 말을 듣고 자신이 국왕과 제후를
설득해볼 테니 대사교도 교황과 교회 유력자에게 서한을 보내
도움을 구하라고 말했다. 그날 밤, 고양된 기분으로 잠이 든 피
에르는 자신 앞에 예수 그리스도가 나타나서 로마 교황을 만
나러가서 성지의 재再정복을 획책하도록 진언하라는 사명을
받는 꿈을 꾸었다고 한다.

프랑스로 돌아간 피에르는 열정적으로 사람들에게 성지 탈

환을 설득했다. 열광한 군중은 흥분하여 그의 몸을 만지고 의복을 쥐어뜯고 그가 탄 당나귀의 털을 뽑아서 성유물聖遺物로 숭배했다고 한다.

성지 탈환을 위해 2만 명의 군중이 모이다

피에르의 호소에 힘입어 엄청난 군중이 모였다. 부유한 자는 무기를 가지고, 경건한 자는 십자가를 짊어지고, 가난한 자는 순교의 상징인 종려나무 잎을 가지고 모였다. 그리고 그들의 가족과 종자들이 그 뒤를 이었다. 그들은 로렌을 지나 리에주, 아헨으로 이동했으며, 1096년 4월 12일에는 쾰른 근처에 진영을 쳤다. 그러나 그들은 가는 곳마다 그리스도를 판 유대인에게 보복하기 위해 약탈과 살육을 일삼았다. 이즈음 피에르는 '무일푼의 발터'라고 불리는 고티에 생자부아프랑스 북부 출신의 기사로 민중 십자군의 지도자였다와 같은 협력자를 얻었다.

　민중 십자군에는 얼마나 많은 사람들이 참가한 것일까? 연대기 작자는 6만 명이라고 하지만 오늘날은 2만 명 정도라고 추측하고 있다. 그중에는 생계가 어려운 자, 적지 약탈로 일확천금을 꿈꾸는 자, 신천지에 가서 새로 시작하려고 하는 자 등 세속의 욕망에 사로잡힌 자도 많았다. 하지만 그만큼 많은 사람들이 종교적 열정으로 성지 탈환을 위해 병사로 행동할 결의를 할 수 있었던 것은 중세 사람들이 신과 아주 가까운 거리에 있다고 느끼고 있었기 때문이다.

고티에는 출발을 더 이상 기다릴 수 없다는 사람들과 함께 4월 15일에 쾰른을 떠나 독일을 남하하여 헝가리를 통과했다. 그렇지만 이 무렵에는 식량 부족이라는 절실한 문제에 부딪혀 베오그라드 등지에서 약탈을 일삼아 주민과 잦은 충돌로 많은 희생자를 냈다. 그리고 니슈, 소피아, 아드리아노플을 거쳐 7월 20일 경에 콘스탄티노플로 갔다. 한편 피에르 일행도 4월 20일 경 쾰른을 출발하여 울름에서 바이에른을 통과하여 헝가리로 갔다. 헝가리의 왕 콜로만은 십자군 병사들의 감동적인 모습을 보고 후대해주었다고 한다.

약탈과 살상을 일삼은 민중 십자군

그러나 이때부터 민중 십자군의 사기는 급속도로 떨어지기 시작했다. 십자군에는 다수의 부녀자가 동행하고 있었는데, 그녀들은 젊은 남자들의 희생양이 되었다. 게다가 불가리아인과 싸움을 일으키고 그 화풀이로 모라바 강변의 풍차에 방화를 한 것을 계기로 소동은 더욱 커졌다. 화가 난 주민들은 십자군의 뒤를 습격하여 많은 사람들을 포로로 삼았다. 이런 일이 반복되면서 십자군의 사기는 나날이 떨어졌지만, 피에르의 권위로 간신히 군단으로서의 체면은 유지했다. 그리고 드디어 8월 1일, 피에르 일행도 콘스탄티노플에 도착했다.

비잔틴 황제 알렉시오스의 딸이자 연대기를 남긴 안나 콤네누스는 "성스러운 불과 같이 타오른 사람들의 무리는 어떤 자는 말을 타고, 어떤 자는 무기를 손에 들고, 또 어떤 자는 식량을 짊어진 채 '꼬마 피에르'의 주변을 둘러싸고 있었다. 인산인해로 길이란 길은 모두 막히고 사람들의 얼굴은 기쁨에 넘치며 끝까지 성지순례를 하려고 하는 열정이 용솟음치고 있다."라고 이때의 정경을 묘사했다.

한편 황제는 혼란이 커질까봐 두려워 귀찮은 사람을 내쫓듯이 배를 준비하여 보스포루스 해협을 건너게 했다. 민중 십자군은 드디어 적지로 들어갔다. 하지만 성지 탈환이라는 숭고한 열정은 사라지고 굶주림에 지친 아귀로 변한 민중 십자군은 마을을 습격하여 약탈과 살상을 일삼았다.

꿈이 산산조각 난 민중 십자군

룸 셀주크 왕조의 킬리지 아르슬란 1세는 반격에 나섰다. 그는 남은 민중 십자군의 본대를 괴멸시키기 위해 간첩을 파견했다. 그리고 십자군 일대가 룸 셀주크 왕조의 수도 니카이아를 함락시키고 약탈을 벌이고 있다는 거짓 정보를 흘렸다. 이에 힘입어 십자군은 니카이아를 향해 돌진했다. 그러나 기다리고 있던 복병이 민중 십자군을 습격했고, 혼란에 빠진 십자군은 죽음을 당하거나 포로가 되어 노예로 팔렸다.

이렇게 민중 십자군은 사실상 괴멸되었다. 하지만 은자 피에르는 그 후에도 각국의 국왕과 황제들이 조직한 십자군 전투에서 모습을 나타낸다. 특히 안타키아가 무슬림 세력에게 포위당했을 때 그 성성으로 병사들을 고무시키고, 1099년에 아스칼론에서 십자군이 기적적인 승리를 한 것도 예루살렘에서의 그의 기도 덕분이라고 일컬어진다.

피에르는 민중과 함께 성지 탈환의 대망을 이루려고 했으나, 성자의 대열에 오르지는 못했다. 1115년 7월 8일, 현재 벨기에의 위이 근교 뇌프무스티에서 조용한 죽음을 맞이했다고 한다.

50년 후에 남편의 유언을 전한 아내

살아있는 동안 실현할 수 있을지 전혀 확신이 없었다

스탈린 사후 1956년, 소련공산당은 스탈린을 비판했다. 부하린까지 희생된 무모한 대숙청, 지나친 개인숭배, 스탈린 개인의 성격적 결함 등 독재자의 부재를 빌미로 신랄하게 비판했다. 하지만 그 후에도 헝가리와 체코 자유화 탄압, 스탈린을 계승한 것과 같은 브레즈네프 시대의 정체 등 소비에트 체제의 성격은 본질적으로 변하지 않았다. 이러한 상황에서 스탈린 개인뿐 아니라 소비에트 체제, 나아가서는 마르크스-레닌주의 자체를 되묻는 움직임 속에 소비에트 체제가 붕괴되었다.

'볼셰비키 최고의 지식인'이라고
평가받는 부하린. 이야기는
그에게서 시작된다.

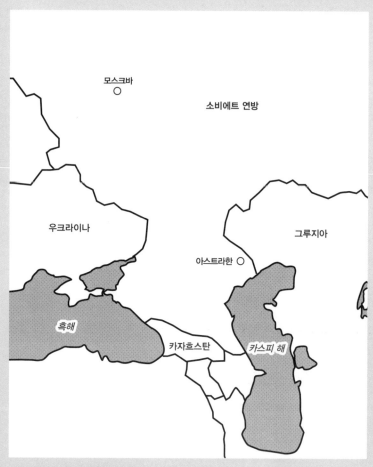

안나 라리나와 부하린 관련 지도
20세기 중반, 소비에트 연방

50년 후에 스탈린을 고발하고
남편의 오명을 밝힌 아내

'그는 구더기 같은 굵은 손가락을 가지고, 이해할 수 없는 말을 한다. 차마 볼 수 없는 빳빳하게 선 콧수염, 사람을 위압하는 반짝거리는 검정 부츠, 하인들에게 둘러싸여 그들의 아첨 속에서 쾌락에 빠진다. 한 사람은 휘파람을, 그리고 한 사람은 그의 앞에서 가르랑거린다.' 이는 1938년 12월 27일, 유형지에서 쇠약사한 시인 오시프 만델스탐의 〈크렘린의 산악인〉이라는 시의 한 구절이다. 여기서 말하는 '그'가 캅카스 산속의 그루지아에서 태어난 독재자 스탈린이다.

시인은 옥중에서 이 시를 썼다. 시인과 가까운 사이였던 부하린도 비서에게 스탈린을 암살하도록 총을 건넸다는 죄목으로 체포되었다. 사실 죄목은 무엇이라도 상관없었다. 스탈린은 라이벌의 존재를 용납할 수 없었던 것이다.

스탈린은 주변의 모든 사람을 적으로 만들었다. 스탈린은 자기가 죽인 사람들의 원령 때문에 벌벌 떨면서 크렘린의 산속에서 마치 동상처럼 무표정하게 매일매일 처형 명부를 바라보았다. 그중에는 불과 얼마 전 노동절까지 그와 함께 크렘린의 단상에 서서 '붉은 광장'을 행진하는 병사와 노동자에게 손을 흔들었던 동지들의 이름도 대거 포함되어 있었다.

차례차례 동지를 숙청한 스탈린을, 50년 후에 고발하고 남

편 부하린의 오명을 밝힌 당찬 아내가 있었다. 그녀는 남편의
부탁으로 남편이 체포 전날 당 앞으로 쓴 '유언장'을 고르바초
프와 보도진 앞에서 암송했다. 그녀는 남편의 명예회복을 위
해 가혹한 세월을 견뎠던 것이다.

볼셰비키 최고의 지식인

일반적으로 공산주의자들은 지능이 높다. 그 이유는 마르크스
주의라는 정교하고 치밀한 이론을 이해하기 위해서는 역사학
과 경제학 등 폭넓은 식견을 갖고 있어야 하기 때문이다. 레닌
도 로자 룩셈부르크폴란드 출신의 사회주의 혁명가로 독일 공산당을 창설했
다도 모두 수재였다. 그리고 니콜라이 이바노비치 부하린의 경
력은 특히 화려하다.

　양친이 교사였던 부하린은 1888년 모스크바에서 태어났다.
부친이 모스크바 대학에서 수학을 공부했기 때문인지 부하린
도 어렸을 때부터 자연과학에 열중했다. 중학교에 진학할 무렵
부터 마르크스주의의 세례를 받고 학생운동에 참가했다. 1905
년 당시 비합법이었던 러시아 사회민주노동당에 입당하여 레
닌의 혁명노선을 지지하는 볼셰비키후의 공산당에 가담했다.

　1907년에 모스크바 대학에 입학할 무렵부터 당내에서 두
각을 나타냈으나, 1911년에 체포 투옥되어 퇴학 처분을 받는

다. 유형지는 백해에 접해 있는 극한의 땅 오네가였다. 그러나 탈주에 성공하여 1912년부터 빈 대학에서 경제학과 사회학을 공부하며, 〈제국주의국가의 이론에 관련하여〉 등을 발표하고 레닌의 《제국주의론》에 영향을 미쳤다고 한다. 그러나 제1차 세계대전 직전에 스파이 혐의로 오스트리아에서 추방되어 스위스로 망명했다.

1917년 3월에는 러시아 혁명이 발발하자 급거 귀국하여 모스크바 당위원회와 소비에트에서 활약하였고, 11월에 소비에트 정권이 성립되자 당기관지 《프라우다》의 편집장이 되었다.

한편 쿠토베공산당 간부양성학교에서 마르크스-레닌주의를 강의하고, 이 강의를 바탕으로 《공산주의의 ABC》, 《과도기의 경제학》, 《사적유물론》을 편찬하며 레닌을 감동시켜 공산당정치국원의 후보로 추천을 받았다. 그야말로 눈부신 경력이 아닐 수 없다.

권력 투쟁이 한창일 때 레닌을 지지

그렇지만 소비에트 정권에는 큰 시련이 기다리고 있었다. 제정파의 반혁명과 혁명의 파급을 저지하려는 외국의 간섭이 바로 그것이었다. 이 시련과 싸우기 위해 소비에트 정권은 전시 공산주의라는 대담한 개혁을 실시하고 곡물을 강제 징발한 결과,

수백만 명이 굶어 죽었으며 소비에트 정권은 차차 인심을 잃기 시작했다. 그러나 필사적인 노력의 결과, 1921년경부터 소비에트 정권은 위기에서 벗어나게 되었고, 동시에 네프NEP, 러시아 혁명과 내전으로 저하된 국내 경쟁력을 회복하기 위해 자본주의적 요소를 일부 도입한 신경제 정책로 전환하여 전시 공산주의는 폐지되고 일부 시장 경제가 부활하여 경기가 활기를 띠기 시작했다.

그렇지민 시련은 계속되었다. 1924년 레닌이 사망한 후, 정권 내부에서는 그의 후계를 둘러싸고 권력 투쟁이 시작되었다. 레닌은 스탈린에 대해 비판적이었다. "스탈린은 너무 포악하다. 서기장으로서의 그의 직무는 참을 수 없을 정도다. 배신적인 스탈린을 지도자로 삼아서는 안 된다."라는 유언을 남겼다. 그러나 결과적으로 러시아와 같은 대국은 물적·인적 자원이 풍부하므로 자국 내에서도 사회주의 건설이 가능하다고 하는 스탈린의 주장이, 세계혁명을 외치며 스탈린과 함께 유력한 후계자로 지목된 트로츠키를 이겼다. 이때 스탈린을 지지한 이가 바로 부하린이었다. 그리고 또 열한 살의 안나 라리나가 처음으로 부하린에게 러브레터를 쓴 것도 이즈음이었다.

안나의 아버지는 레닌을 환대했다

후에 부하린의 아내가 된 안나 부하린은 원래 1914년 1월 27일생이었으나, 1924년 같은 날 레닌이 사망하자 그녀의 아버지는 그녀의 생일을 1914년 5월 27일로 바꿨다고 한다. 아버지도 창립 이후 공산당원으로, 혁명 후에는 크렘린 근처의 메트로폴 호텔로 이사했다. 병약했던 아버지는 레닌을 비롯한 소비에트 정권의 주요 인물을 집으로 불러 접대했다고 했다.

이 무렵 스탈린과 부하린의 관계는 좋았으며, 두 사람 모두 메트로폴에 살고 있었다. 안나가 러브레터를 부하린의 방문 아래에 끼워놓으려고 계단을 오르는데, 눈앞에 스탈린의 부츠가 보였다. 그녀는 부하린의 방에 들어가려던 스탈린에게 러브레터를 부탁했다고 한다. 세 사람의 인연은 이때부터 시작되었다.

인텔리인 부하린의 방에는 많은 서적과 수렵 우승 트로피, 그리고 피아노가 있었다. 자주 부하린의 방에 드나들면서 부하린에 대한 사랑이 더욱 깊어진 그녀는 결국 그와 결혼까지 하게 되었다. 그날 밤 스탈린은 술에 취해 "니콜라이, 축하하네. 자네에게 또 졌네."라는 이해할 수 없는 전화를 걸어왔다고 한다.

행복한 결혼 생활도 잠시, 죽음의 그림자가 다가오다

스물여섯이라는 나이 차이를 느낄 수 없는 행복한 신혼 생활이

었다. 남편도 점점 출세하여 정치국원 코민테른 집행위원회 의
장으로 취임했다. 부하린과 스탈린은 당내 주류파로서 단짝을
이루었다. 그러나 트로츠키의 당 추방을 둘러싸고 두 사람은
대립했다. 이 대립을 시작으로 두 사람의 밀월은 끝이 났고, 스
탈린은 무시무시한 본성을 드러내기 시작했다. 스탈린은 자신
의 심복을 통해 정치적 적을 차례로 배제해 나갔다. 소위 대숙
청이 시작된 것이었다.

루이코프와 톰스키 등 고참 공산당원이 날조된 죄목으로 이
해할 수 없는 죽음을 맞았다. 부하린은 5개년 계획에 즈음하여
스탈린이 취한 강력한 농업 집단화를 비판했다. 그러나 그도
더 이상 스탈린의 독주를 막을 수 없었고, 스탈린으로부터 우
익 파시스트의 앞잡이라는 비판을 받았다.

1936년에는 정부기관지 《이즈베스티아》의 편집장 자리를
해임당하고, 1937년에는 당 중앙위원에서 해임당하고 당에서
제명되었다. 그리고 같은 해 2월에 체포되어 다음 해 3월에는
공개재판으로 바뀐 모스크바 재판에 끌려갔다.

'미래의 차기 지도자에게'를
암기하다

체포 이유는 날조된 것이었다. 부하린도 그 사실을 알고 있었

지만, 이미 스탈린의 그물에 걸려들어 어떻게 할 도리가 없었다. 스탈린과 충실한 사형집행인 에조프는 안나와 니콜라이의 사랑하는 자녀 유리를 인질로 삼았다. 그들은 부하린에게 자신의 죄를 인정하면 사형하지 않고 처자식을 살려주겠다고 약속했다. 그러나 그런 약속은 쉽게 어길 수 있다고 확신했던 부하린은 체포 전날 명예회복을 위한 상신서 '미래의 차기 지도자에게'를 작성했다. 그렇지만 이 문서를 지도부에 보내도 스탈린에 의해 찢겨질 것을 알고 있던 부하린은 아내에게 상신서를 암기하게 하고 마땅한 때가 오면 발표하도록 부탁했다. 안나는 크게 놀랐다. 하지만 장문의 상신서를 하룻밤 사이에 암기할 수는 없었다. 안나는 "아무리 스탈린이라 해도 당의 요직에 있던 당신을 유죄로 만들 수는 없어요. 게다가 당신은 친구였잖아요."라고 저항했다. 그러자 부하린은 "친구였기 때문에 증오하는 거야. 그는 자신이 신이기를 바라니깐 그에 대해서 속속들이 알고 있는 자는 방해가 되는 거야."라고 말했다. 그리고 "아기의 생명도 아무렇지 않게 빼앗는 남자야."라는 이 한마디에 안나는 아연실색하여 부하린의 부탁을 들어주었다.

상신서는 이렇게 시작된다. '나는 고개를 내밀었다. 그렇지만 그것은 결코 프롤레타리아트의 도끼 앞이 아니다. 프롤레타리아트의 도끼는 아무리 무자비해도 공정한 것이기 때문이다.'

아내와 아이를 살리기 위해
죄를 인정하다

얼마 전부터 갑자기 전기가 나가는가 하면, 한밤중에 정치국의 편지를 전하기 위해 남자가 찾아오고, 마당에서 총성이 나는 등 기분 나쁜 일들이 연이어 일어나 공포와 의구심에 시달렸지만, 이런 일들이 오히려 안나를 강하게 만들었다.

나는 열여덟 살에 입당한 이후, 노동자 계급과 사회주의의 승리를 위해 인생 전부를 걸었다. (…) 최근 프라우다 소련 공산당의 기관지에 허위 기사가 게재되었다. 니콜라이 부하린은 10월 혁명의 붕괴와 자본주의의 부활을 바라고 있다. 폭력적인 거짓말이다. (…) 체카반혁명을 적발하는 경찰조직는 일찍이 신뢰와 존경을 얻었다. 그리고 그들에게는 특별한 명예와 권한이 주어졌다. 그러나 지금 그들은 중앙위원회와 당원을 자유롭게 숙청할 수 있다. 국가 반역, 파괴 공작, 스파이 행위 등의 죄상으로…
체카는 지금 스탈린의 병적인 시의심에 놀아나고 있다. 스탈린이 경찰 권력을 마음대로 휘두르는 것 자체가 잘못된 일이다. 나는 미래의 당지도자들에게 호소한다. 당신들의 역사적 사명은 오늘 당 내부에서 일어나고 있는 비열하고 잔학한 행위를 사람들에게 모두 폭로하는 것이다.

(…) 나는 스탈린의 암살 등을 계획하고 있지 않다.

재판에서 부하린은 유죄를 인정했다. 그것은 아내와 아이를 구하기 위해서였다. 그러나 결국 1938년 3월 15일에 총살을 당했다. '인민의 적'이라는 꼬리표가 붙은 안나는 남편의 재판을 볼 수 없었다. 남편이 어디에서 처형되며, 어디에 매장되는지도 알 길이 없었다.

편지를 수없이 되뇌면서
꿋꿋이 살아가다

그뿐만이 아니었다. 안나도 체포되어 볼가 강 하구의 아스트라한으로 보내졌다. 하지만 이는 러시아 각지에서 20년간에 걸친 감옥과 유배 생활의 시작일 뿐이었다. 그리고 생후 13개월이 된 어린 유리는 일가친척의 손에 맡겨졌다.

안나는 형무소에서 스탈린에게 편지를 썼다. "이오시프 비사리오노비치스탈린, 이 형무소의 두꺼운 벽을 통해 나는 당신의 눈을 직시하고 있어요. 나는 이 공상적인 재판을 믿지 않아요. 왜 당신은 니콜라이 이바노비치부하린를 죽인 건가요? 나는 그것을 이해할 수 없어요."

아마 이 편지가 살인마 스탈린에게 전해지는 일은 없었을 것이다. 간수는 그녀가 남편을 비난하면 자유의 몸이 될 거라고 말했지만, 그녀는 이를 거부하고 그 후 8년을 감옥에서 보냈고, 1950년대 말까지 유배 생활을 전전했다. 그동안 그녀는 남편에게 부탁받은 편지를 수없이 되뇌었다.

그러던 어느 날, 드디어 스무 살이 된 아들 유리와의 재회가 허락되었다. 안나와 유리는 시베리아의 한촌寒村 티쉬리 근처 역 플랫폼에서 만날 준비를 했다. 멀리서 유리는 그녀를 발견하고는 뛰어왔고, 두 사람은 포옹했다. 세상 물정을 모를 때 어머니와 떨어졌는데도 그는 한눈에 어머니를 알아보았다. 며칠 후, 유리는 아버지가 부하린이라는 사실을 안나에게 들었다. 안나는 스탈린을 비판한 흐루시초프 시대에 남편의 명예회복을 이루려 했으나, 흐루시초프 실각으로 그 뜻을 이루지 못했다. 작은 스탈린이라는 별칭을 가진 브레즈네프 시대에는 더욱 어려웠다.

1988년, 마침내
남편의 명예회복을 이루다

1988년 2월 5일, 소련외무성은 1938년의 숙청 재판 증거는 위법적인 방법으로 수집되어 사실이 날조된 것이라고 인정했다. 마침내 부하린을 포함한 스무 명의 명예가 회복된 것이다. 그리고 안나는 드디어 고르바초프에게 남편의 편지를 전할 수 있었다.

《레닌의 무덤-소련 제국 최후의 날들》로 퓰리처상을 획득한 데이비드 렘닉은 "믿고 있었어요. 편지를 수없이 쓰고 계속 호소했어요. 하지만 살아있는 동안 이것이 실현될지 전혀 확신은 없었어요. 니콜라이 이바노비치는 자신이 내 인생을 망가뜨렸다고 생각했기 때문에 그토록 괴로워했던 거예요. 그에게는 참을 수 없는 일이었을 거예요. 그만큼 그는 나를 사랑했어요."라고 말한 안나와의 감동적인 인터뷰로 제5장의 결말을 지었다. 그리고 안나 라리나는 소련 붕괴 후인 1996년까지 살아남았다.

악덕 교황에게 도전한 남자

이제 당신은 목자가 아니다
더 이상 로마 교회의 대표자도 아니다
당신은 잘못하고 있는 것이다

예수의 열두 사도의 필두인 베드로가 초대 로마 교황이 된 이후, 가톨릭 교회의 최고 권위인 교황은 '신의 대리인'으로서 세속의 황제, 국왕, 제후에 대한 절대적인 권력을 가졌다. 특히 왕권이 취약했던 중세에는 교황이 파문(破門)과 성무(聖務) 정지 등 '전가(傳家)의 보도(寶刀)'를 뽑아 세속 권력을 위협했다. 그러나 십자군 이후, 가톨릭 각국에서 시민계급이 등장하고, 부정 축재 및 독신이어야 하는 교황의 여성관계, 그리고 사생아의 재산을 둘러싼 스캔들 등으로 교황의 권위는 급속하게 실추됐다. 교황이 고결하기는커녕 세속에 더럽혀진 사탄으로 전락한 것이다.

HIERONYMI·FERRARIEN
& MISSI·PROPHETÆ·EFFI

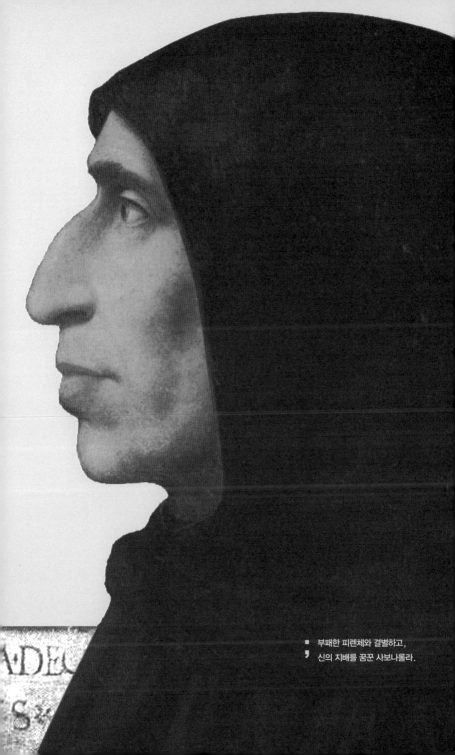

부패한 피렌체와 결별하고,
신의 지배를 꿈꾼 사보나롤라.

사보나롤라 관련 지도
15세기, 이탈리아

피렌체에 혁명을 독촉한
사보나롤라의 집념

관광객으로 붐비는 피렌체 시청베키오 궁전 앞의 시뇨리아 광장은 일찍이 피렌체의 공적公敵들이 처형된 무시무시한 장소이기도 하다. 이 광장의 포석에는 사보나롤라가 처형된 장소를 나타내는 명판이 있다.

그가 피렌체를 떠들썩하게 했던 15세기 후반에는 보티첼리, 다빈치, 미켈란젤로 등의 쟁쟁한 대예술가가 이 광장을 찾았다. '위대한 자'라고 불린 그들의 후원자, 메디치가의 로렌초 데 메디치도 이 광장을 왕래했을 것이다. 그러나 이 피렌체의 호화로운 무대 뒤에는 온갖 악이 존재하고 있었다. 그 대표격이 바로 교황 알렉산데르 6세다. 그리고 이 교황의 마음을 불편하게 한 것이 도미니코회의 수도사 사보나롤라였다.

설교의 마술사

많은 군중들 앞에서 설교할 때, 설교자는 보통 라틴어로 설교 초고를 쓰고 설교를 할 때는 사람들의 일상어인 속어로 한다. 그런데 1490년대 피렌체 사람들의 마음을 사로잡은 사보나롤라는 초고를 읽는 설교는 살아있는 목소리의 그림자에 지나지 않는다며 라틴어 초고를 만들지 않고 전부 즉흥적으로 연설했으며, 연설 분위기가 절정에 달하면 군중들도 함께 흥분하여 설교장은 그야말로 흥분과 감격의 도가니가 되었다고 한다. 대체 이 남자는 어떤 사람일까?

지롤라모 사보나롤라는 1452년에 이탈리아 최대의 포 강에 접한 페라라에서 태어났다. 스물세 살 때 도미니코 수도회에 들어가서 서른 살에 피렌체 산 마르코 수도원으로 전임하고 이윽고 수도회장이 되었다.

바로 그 무렵, 피렌체의 정치를 도맡아하던 메디치가의 당주는 '일 마니피코위대한 자'라는 별칭을 가진 로렌초 메디치였고, 학자와 예술가를 후원하면서 재산을 탕진하고 있었다. 그 때문인지 피렌체는 화려하고 아름답지만, 한편으로 나약하여 공화국으로서의 독립 정신이 흐트러지기 쉬웠다. 사보나롤라는 이런 피렌체의 타락과 그것을 조장하고 있는 메디치가를 설교단에서 격렬하게 비판하고, 시민들에게 검소한 생활을 하고 신앙을 찾을 것을 호소했다.

그러던 중 1492년의 어느 날, 사십대 한창의 나이로 로렌초가 타계했다. 그리고 그의 뒤를 이은 것이 약관의 피에로였다. 피에로는 아버지처럼 개성도 기량도 없었기 때문에 1494년 8월, 당시 항상 교전 상태였던 샤를 8세의 프랑스군이 피렌체를 습격하자 막대한 돈으로 프랑스 왕을 매수했다. 그러나 교전도 하지 않고 돈으로 매수한 것에 대해 시민들은 분노했다. 피에로가 피렌체로 돌아왔을 때는 정청政廳의 문이 굳게 닫혀 있었다. 시민들이 피에로를 못 들어오게 추방한 것이었다.

메디치가를 비판하고 신성 정치를 호소하다

이리하여 새로운 정치 체제를 결정하는 회합이 시작되었고, 이 실권을 쥔 인물이 바로 산 마르코 수도원장인 사보나롤라였다. 사보나롤라의 시정 방침은 메디치가의 지배 동안 세속의 악덕에 물든 피렌체 사람들의 생활을 신앙으로 돌리기 위해서 풍기를 다잡는 일이었다.

사보나롤라는 "먼저 마음의 개혁을 하지 않으면 안 된다. 건전한 마음, 건전한 종교가 있을 때 비로소 세속의 재산과 부도 존재하는 것이므로 재산과 부는 그것을 위해서 바쳐야 한다. '국가는 기도하면서 통치할 수 있는 것은 아니다.'라는 것은 시민을 억압하기 위한 참주의 말이다. 만약 좋은 정치를 바란다면 먼저 정치를 신에게 돌려주어야 한다."라고 말했다.

메디치가의 독점 정치에 염증을 느끼던 시민들은 사보나롤라의 설교에 매료되었다. 그런 시민들의 마음을 읽기라도 한 듯 사보나롤라는 더 강력하게 신성 정치의 필요성을 호소했다. 피렌체의 청중은 눈앞에 천국이 보이는 것 같은 착각에 사로잡혔다. 사보나롤라의 설교를 들은 당대 일류의 인문주의자였던 피코 델라 미란돌라조차도 사보나롤라의 몸에 신이 빙의된 듯한 착각에 사로잡혀 신을 두려워하고 신에게 복종할 것을 맹세했다고 한다.

'허영의 소각'으로 시민들의 열광이 절정에 달하다

사보나롤라는 설교 내용을 실행하기 위해 오락류, 예를 들면 도박과 경마 등 사행심을 부추기는 것은 물론이고, 항구에서 유행하고 있는 유행가, 댄스, 음주, 동성애 등을 엄금했다. 만약 이를 위반하면 고문을 했고, 신성을 모독하는 말을 하면 혀를 뽑는 등 무시무시한 형벌을 내렸다. 그리고 시민의 풍기 단속을 위해 '희망대'라는 행동대를 조직하고 동조자와 밀고자의 망을 통해 시민의 일상을 감시하게 했다. 요컨대 마오쩌둥에 의해 주도된 중국의 문화대혁명 당시의 홍위병과 이슬람 과격파 신학생들의 탈레반과 같은 것이었다.

피렌체 시민들도 처음에는 사보나롤라의 새로운 정치를 받아들였다. 여성들은 화장을 그만두었고, 피렌체 축제의 명물인 수레 행렬은 자취를 감추었다. 대신에 종교행사가 늘어나 피렌체는 마치 거대한 교회로 변했다. 피렌체에 색을 더하는 수레 행렬은 각 지역의 상인들이 거금을 기부하여 화려하게 꾸민 수레로 경쟁을 한다. 이때 낮부터 거하게 취한 남성들은 수레에 매달려 활기찬 구호를 외친다. 그리고 이날 만큼은 아껴둔 옷을 입고, 정성들여 화장을 한 꽃과 같은 아가씨들의 얼굴이 수레 위에 탄 활기찬 젊은 무리를 곁눈질한다. 피렌체 마을에 활기를 불어넣는 이런 광경이 사라져버린 것이었다. 그뿐만이 아니다. 단연 압권은 '허영의 소각세상을 정화한다는 목적으로 피렌체의 불순한 사치품들을 한자리에서 불태운 사건'이었다.

시민들은 사보나롤라의 말대로 마치 신들린 것처럼 고가의 장신구와 살림살이, 은제 식기 등을 시뇨리아 광장에 산더미처럼 쌓아올려 불을 질렀다. 그 군중 속에는 〈봄〉과 〈비너스의 탄생〉을 그린 화가 보티첼리도 있었다. 나이브한 감성을 꾸밈없이 드러낸 보티첼리는 사보나롤라에게 심취하여 자신의 작품을 불에 던졌다고 한다.

점점 심해지는 풍기 단속과
반대파의 대두

1497년에는 사보나롤라의 인기에도 그늘이 지기 시작했다. 그리고 그러한 그늘을 없애기 위해 희망대의 횡포가 점점 심해진 해이기도 했다. 희망대는 성가를 부르면서 마음대로 주거에 침입하여 그들이 말하는 허영의 물품들을 사정없이 공출해갔다. 이 물품들 중에는 트럼프, 주사위, 포르노나 다름없는 풍속책도 있었다. 시민들도 피렌체가 왕년의 화려함을 잃고 살벌한 거리로 변하고 있다는 것을 깨닫기 시작했다. 그리고 꽃의 성당이라고 불린 산타 마리아 대성당은 골격만 남은 추한 모습을 하고 있었다.

하지만 사보나롤라 반대파는 성직에 있는 사람이 정치에 정신이 팔려 교회를 소홀히 하고 세속에 열중하는 것이 무슨 일이냐고 노기를 띠었다. 그들은 축제가 다가오자 수레 행렬과 화려한 무도회, 호화로운 연회를 열고 왕년의 피렌체의 모습을 되찾으려고 했다.

한편 사보나롤라 옹호파와 반대파는 각지에서 충돌했다. 그러나 그중에서도 그를 몹시 불쾌하게 생각하고 있던 것은 교황 알렉산데르 6세재위 1492~1503였다. 호색과 탐욕에 있어서는 둘째가라면 서러울 정도였던 그는 말 그대로 르네상스기를 세속화한 교황의 전형이었다.

돈과 여자에게 빠진 교황 알렉산데르 6세

알렉산데르 6세는 스페인 아라곤 지방의 보르하 마을 출신으로 이탈리아에 온 뒤 고향 마을의 이름을 따 보르지아라고 칭

알렉산데르 6세
극심한 여성 편력과 사치, 그리고 잔인하고 교활한 성격
때문에 최악의 교황으로 낙인이 찍혔다.

했다. 그의 가족인 알폰소는 1455년에 일흔일곱의 나이로 교황 갈리스토 3세가 되었다. 그리고 그 조카 로드리고가 바로 알렉산데르 6세다.

그는 당시 고위성직자를 답습하여 젊은 시절부터 돈과 여자에게 빠져 많은 애인과 자녀를 두었다. 수많은 자녀들 중에는 마키아벨리가 《군주론》에서 칭찬을 아끼지 않았던 체사레 보르지아, 정략결혼으로 농락당한 루크레치아 보르지아 등 서자도 포함되어 있었다.

교황 선거 때에는 매수 공작을 위해 거액의 돈을 뿌려 그 돈의 힘으로 교황의 자리에 올랐다. 교황은 돈을 위해 필요하다면 자산가라고 소문난 인물에게 적당한 죄명을 씌워 체포하고 그 재산을 몰수했다. 이런 더러운 역할을 냉정하게 수행한 사람이 바로 체사레였다. 성직 매수도 일상다반사였고, 추기경을 임명할 때에는 거액의 돈이 움직였다. 그러나 시민들은 교황과 보르지아 가문의 부정을 알고 있으면서도 입을 다물고 있었다. 무심코 입에 올렸다가는 죽을 수도 있었기 때문이다.

교황에게 반기를 든 사보나롤라

이 무법천지에 과감하게 반기를 들고 일어선 사람이 사보나롤라였다. 사보나롤라는 교황과 보르지아 가문의 부정을 바로잡기 위해 공의회의 소집을 요구했다. 화가 난 알렉산데르 6세는 사보나롤라의 설교를 금지하고, 설교 기록을 전문적으로 심사할 것을 도미니코회에 의뢰했다.

이에 대해서 사보나롤라는 "나의 억울함, 그리고 내가 한 말을 증언할 청중은 수천 명 있다. 내가 한 말은 충실하게 기록되어 그 일부는 서적상과 인쇄업체의 손을 통해 널리 확산되고 있다."라고 말했다. 당시 급속도로 보급되기 시작한 인쇄술을 의식한 말이다. 조사 결과, 사보나롤라의 설교에는 이단적인 언설이 없다고 밝혀졌다. 그래서 교황은 사보나롤라에게 추기경 자리를 제시했으나 매몰차게 거절당했다.

1496년 2월 17일, 사보나롤라는 1년 만에 대성당의 설교단에 올랐다. 피렌체 시민 대부분이 설교를 듣기 위해 모였다.

"교황은 신의 사랑과 복음에 반한 명령을 내릴 수 없다. 그런 일은 없을 거라고 생각하지만, 만약 그런 명령을 내렸다면 나는 말할 것이다. 이제 당신은 목자가 아니다. 로마 교회의 대표자가 아니다. 당신은 잘못하고 있다."라고 자신의 굳은 결의를 청중들에게 전했다. 그리고 "오오, 창부가 된 교회여, 당신은 추악함을 전 세계에 드러내고, 당신의 악취는 하늘까지 닿는다. 파문이라는 항의의 목소리가 들린다. 오오, 주여, 하루라도 빨리 파문이 오도록 기도드립니다. 주여, 저의 희망은 당신의 십자가뿐, 아무쪼록 박해를 저에게 내려주시기 바랍니다.

아무쪼록 저의 피를, 주여, 당신에게 바치게 해 주십시오."라고 비장하게 호소했다. 화가 난 교황은 사보나롤라에게 이단을 선언하고, 더 이상 그에게 설교를 허락하면 피렌체 전 지역의 성무聖務를 정지한다고 선언했다.

민중의 지지를 잃고
형장의 이슬로 사라지다

성무 정지라는 무서운 위협에 피렌체 시민들은 부들부들 떨었다. 성무가 정지되면 결혼식도 장례식도 치를 수 없게 된다. 게다가 무엇보다도 사보나롤라의 엄격한 정치를 사람들은 더 이상 쫓아가기 버거웠다. 군중은 산 마르코 수도원으로 몰려들어 사보나롤라와 측근 두 명을 끌고 갔다.

고문과 함께 엄격한 심문으로 초췌해진 세 명이 처형장이 된 시뇨리아 광장에 모습을 나타낸 것은 1498년 5월 23일이었다. 사보나롤라는 십자가를 손에 쥐고 성가를 부르고 있었다. 결국 세 명은 교수형에 처해졌다. 공중에 매달린 사체 주변에 시민들이 우르르 몰려들어 침을 뱉고 돌과 오물을 던졌다. 이윽고 교수대 아래에 장작이 쌓아올려지고 불이 점화되었다. 그토록 사보나롤라의 설교에 매료되어 환호성을 지르던 군중은 또다시 환호성을 지르면서 그의 사체를 아르노 강에 던졌다고 한다.

   기성 권위에 과감하게 도전한 것까지는 좋았으나, 막상 권력의 자리에 앉아 평소의 이상을 실현하려고 하니 현실과 이상의 괴리가 커서 민중들이 진정으로 원하는 것을 충족시키지 못하게 된 것이다. 어느 시대를 막론하고 변덕스러운 민심을 사로잡기란 어려운 법이다.

쾨페니크 사건

제복은 개성을 감춘다

1871년, 독일은 염원하던 국가통일을 이루었다. 하지만 통일의 주역은 빌헬름 1세와 비스마르크가 거느리는 프로이센 왕국이었기 때문에 가부장적이고 권위주의적인 분위기가 강했다. 이 때문에 사람들은 군대와 관료가 지도권을 쥔 독일제국에 편안함을 느끼지 못한 채 답답하고 공허한 기분이었다. 이런 기분을 날려 버리기라도 하듯 때마침 벌어진 통쾌한 사건에 사람들은 쾌재를 부르며 자만심 강한 빌헬름 2세에게 한 방 먹인 가짜 대위의 쾌거에 후련해했다.

특유의 카이젤 수염을 하고
군주인 체하는 표정을 보이는
빌헬름 2세.

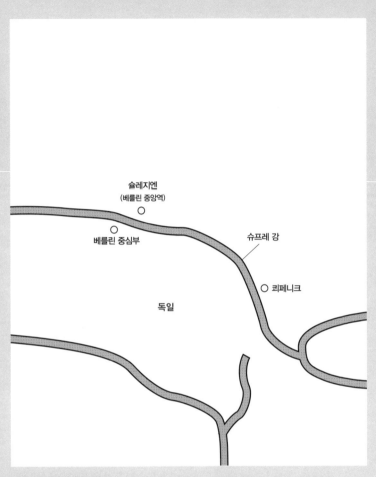

쾨페니크 사건 관련 지도
19세기 말~20세기 초, 베를린

제복의 이상한 마력에
농락당한 기묘한 사건

나치스가 전성기였을 무렵, 그들의 권력을 과시하는 상징이 마을 곳곳에 넘쳤다. 세로 길이가 30미터도 넘을 것 같은 하켄크로이츠갈고리 십자가 깃발이 역과 관청의 정면 현관 사이에 걸려 있고, 거리에는 갈색 제복을 입은 나치스 돌격대SA와 회색 제복을 입은 나치스 친위대SS의 대원들 및 경관, 국방군 병사, 장교들이 색색의 제복을 입고 거리를 활보한다. 그런데 히틀러 소년단의 아이들도 카키색 셔츠에 빨간 네커치프, 검은 반바지에 흰색 반양말을 신은 모습으로 대열을 만들어 행진하고 있다. 사람들도 마을 전체도 마치 갈색 제복을 입고 있는 것 같다. 마치 제복이 사람들의 표정과 감정을 빼앗고 있다는 생각이 든다. 이것이 나치스 전성기의 독일의 모습이었다.

그러나 제복이 마력을 가진 것은 나치스 시대뿐만이 아니었다. 빌헬름 2세가 위험한 세계 정책에 몰두한 20세기 초 독일에서도 제복은 이상한 마력으로 사람들의 눈을 멀게 했다.

'낯선' 대위가 명령을 내리다

사건의 무대가 된 쾨페니크는 베를린의 중심인 브란덴부르크 문에서 10킬로미터 정도 동남쪽에 위치한다. 20세기 초에는 아직 베를린 시에 편입되지 않았고, 베를린을 둘러싼 위성도시 중에 하나였다. 평소에는 특별히 주목 받을 일이 없는 이 마을에서 1906년 6월 16일에 쾨페니크 사건이 일어났다. 이케우치 오사무池内 紀의 《나의 독일문학 강의》를 바탕으로 이 기묘한 사건의 개요를 설명한다.

당시 유럽 최강이라고 불렸던 프로이센 육군의 한 보병소대가 이른 아침부터 연병장에서 사격 훈련을 받고 있었다. 훈련이 끝난 것은 정오가 되기 전이었다. 부대로 돌아가기 위해 한 개 소대 열네 명이 대열을 만들고 열차에 올라탔다. 소대는 열차 안에서도 한 치의 흐트러짐이 없었고, 피곤할 텐데도 좌석에 앉는 병사는 없었다. 군기를 유지한다는 차원에서 일반 승객과 사담도 나누지 않았다.

열차가 슐레지엔 역현재 베를린 중앙역에 가까워졌을 때였다. 열차 안에서 대위 제복을 입은 인물이 "소대 주목!"이라고 불러 세웠다. 보병들이 민첩하게 정렬하자 대위는 말했다. "지금부터 소대는 특별 임무를 수행한다. 이후 소대는 본관의 지시에 따라 움직인다." 그렇게 말하고 대위는 소대를 거느리고 쾨페니크행 열차로 갈아탔다.

병사들은 서로 얼굴을 마주보았지만 누구 하나 그 대위의 얼굴을 아는 사람은 없었다. 그러나 상사의 명령이라면 안면이 없더라도 명령에 따르는 것이 군대다. 병사들은 한 치의 의

심도 하지 않았다. 하물며 임무에 대해 묻는 병사도 없었다.

시장을 체포하고 금고의 돈을 몰수하다

일행은 오후 1시가 지나서 쾨페니크 역에 도착했다. 대위는 "지금부터 소대는 시청사에 가서 시장을 체포한다."라고 말했다. 병사들은 순간 놀란 듯한 표정이었지만 시장을 체포하는 이유를 묻는 사람은 물론 없었다. 대위가 거느린 소대는 군화의 보조를 맞추면서 즉시 시청 정면의 현관에서 계단으로 올라갔다.

무슨 일인가 하고 놀라서 계단 벽 쪽으로 몸을 붙인 직원과 시민들을 개의치 않고 소대는 한 치의 망설임도 없이 시장실로 향했다. 난폭하게 힘껏 시장실 문을 활짝 연 대위는 "시장 각하, 각하를 체포합니다."라고 막힘없이 말했다.

갑자기 밀어닥친 병사들에게 압도된 시장은 곧 위엄을 되찾고, "체포라고? 너무 무례한 것 아닌가? 무슨 죄로 나를 체포하는 것인가? 영장을 보여주게."라고 역으로 대위에게 물고 늘어졌다. 대위는 이 사태를 예상이라도 한 것처럼 냉정하게 대처했다.

대위는 아무 말 없이 자신의 군복과 무장한 병사를 가리켰다. 어리둥절한 시장과 직원을 힐끗 쳐다보고 대위는 병사들에게 재정담당관과 경찰서장도 연행하라고 명령했다. 재정담당관은 사태를 파악하지 못하고 벌벌 떨고 있었다. 또한 경찰서장은 별다른 저항 없이 순순히 연행에 응했지만, 그 표정은 군에 대한 경찰의 대항의식을 드러내고 있었다.

대위는 모두가 지켜보는 가운데 금고를 압수하고, 있는 돈 전부를 몰수했다. 손놀림이 매우 익숙하고 대금을 탐욕스럽게 꽉 움켜지지 않고 냉정하게 몰수했으므로 주위에서는 성실하게 공무를 수행하고 있는 것처럼 보였다. 또한 병사들도 마치 수십 번 상연하여 외우고 있는 대사를 말하듯이 시원시원하게 대응했다.

그 다음 대위는 소대의 상등병에게 시장을 비롯한 세 명을 베를린 위병소로 연행할 것을 명령하고 소대의 병사들에게 돌아가는 교통비를 지급했다. 또한 특별수당으로 각 병사들에게 맥주 한 잔과 소시지 한 개분의 돈을 주고 "임무완료, 수고!"라고 병사들에게 경례하고는 쾨페니크 역에서 어디론가 모습을 감추었다. 이것이 쾨페니크 사건의 전모다.

정체를 알고 대소동이 일어나다

여우에게 홀린 것처럼 위병소로 연행된 시장은 곧 자신이 거짓 사건에 휘말린 사실을 알게 되었다. 사정을 들은 시장은 상대가 제복을 입고 있었으므로 자신이 사건에 휘말렸다고는 생각하지 못했다면서 세차게 땅을 구르며 몹시 분해했다.

대위를 가장한 남자의 연령은 30대로 키는 큰 편이고 늠름하고 군복이 너무나도 잘 어울리는 남자였다고 증언했다. 병사들의 증언도 마찬가지였다. 곧바로 현상수배 포스터가 전국에 붙었다. 그러나 가짜 대위의 행적은 묘연했다.

9일 째 되던 날에 사건이 급진전했다. 범인을 알고 있다는 남자가 나타난 것이다. 이 남자는 불과 얼마 전까지만 해도 형무소에 수감되어 있었는데, 그때 함께 있었던 남자 중에 기이한 사람이 있었고, 그 사람이 쾨페니크에서 일어난 사건과 똑같은 줄거리의 연극을 하고 싶다고 말했다고 한다. 범인은 그 사람이 틀림없다고 했다.

그리고 다음 날 빌헬름 포이크트라는 이름의 그 남자가 체포되었다. 체포하고 보니 사람들의 증언과 달리 키도 작고 앙가발이에 백발이 섞인 머리를 한 쉰여섯의 중년 남성이었다. 그다지 좋지 않은 풍채를 지닌 실업 상태의 구두수선공이었다. 아무리 봐도 이렇게 대담한 연극을 할 것처럼 보이지는 않았다. 게다가 주소 불명으로 신분을 나타내는 증명서 같은 것도 일절 가지고 있지 않았다. 그렇기 때문에 수사가 전혀 진전이 없던 것도 무리는 아니었다. 심문을 통해 알게 된 사실은 포이크트가 교외의 의류대여점에서 군복과 군화, 기타 군장 일체를 빌려 독일제국 군인으로 변신했다는 것이다. 체포되기까지 눈에 띄지 않게 싸구려 여관에 몸을 숨겼고, 시청에서 압수한 돈은 거의 손대지 않았다. 그렇기 때문에 결과적으로 징역 2년이라는 가벼운 판결을 받았다.

하지만 세상은 형기를 마친 포이크트를 그냥 내버려두지 않았다. 그렇게 가슴 후련한 연극을 쉽게 해낸 것을 보고 베를린 도심의 나루 파크라는 극장의 사장이 그에게 연극을 해보지 않겠느냐고 제안했다. 물론 대위 역할이었다. 연극은 대성공했지만 관청을 모욕했다는 이유로 상연이 금지되었다. 그 후 포이크트의 행적은 알 수가 없었다.

황제 빌헬름 2세의 갈채

이케우치 씨에 의하면 빌헬름 2세는 이 사건을 알았을 때, 매우 기뻐하며 경시총감에게 "독일인이 규율을 어떻게 생각하고 있는지 잘 알 수 있는 사건이다. 이 세상 어떤 국민도 우리나라를 흉내 낼 수 없다."라고 말했다고 한다. 허세 부리는 것을 좋아했던 빌헬름 2세는 평생 많은 초상화를 그리게 하거나 사진을 찍었는데, 그중에서도 어용화가 막스 코넬이 1890년에 그린 황제의 초상화는 황제의 단면을 잔혹하고 생생하게 묘사하고 있다. 투구 같은 군모를 겨드랑이에 끼고 오만한 자세로 친숙한 카이젤 수염을 한층 더 위로 올리고, 가슴에는 있는 훈장을 몽땅 달고, 허리에는 가문 대대로 내려오는 보석이 잔뜩 박힌 보도寶刀를 허리에 차고 있는 초상화가 특히 유명하다.

이 초상화는 오만불손하고 아무리 봐도 민심과는 동떨어진 황제다운 당당한 품격을 그리고 있다. 하지만 위협적인 표정과는 정반대로 소심하고 경박한 내면도 남김없이 나타내고 있다. 이 경망스러운 남자가 제1차 세계대전에서 전도유망한 젊은이들의 생명을 빼앗았다. 그리고 패전의 혼란 속에서 히틀러라는 괴물이 태어났다.

히틀러와 그의 동료들은 각종 제복 패션에 신경을 썼다. 그들은 독일인이 권위에 약하다는 것을 잘 알고 있었기 때문에 제복의 마력을 빌려 일사불란한 행진으로 그들의 사악한 인종이론을 감추었다.

제복은 개성을 감춘다. 쾨페니크 사건은 국가와 권위에 대한 후련한 도전이었다.

전쟁

戰

제 3 장

도대체 '전(戰)'과 '투(鬪)'는 어떻게 다른 것일까?

'전'은 전쟁 등의 단어가 떠오르듯이 무기라는 물리적 수단으로 상대의 존재를 말살시킨다는 의미일까? 한편 '투'는 투병 등의 말로 대표되듯이 정신적인 의미가 강한 것일까? 그렇다면 '전투'라는 말은 양자를 포함하는 어감을 지닌 것일까? 그 외에 많은 말과 마찬가지로 '싸우다'를 의미하는 '전'과 '투'가 가진 의미는 매우 깊다. 그러나 그런 말의 의미는 안중에도 없이 사람들은 각각의 삶과 격투하고, 어떤 사람은 죽고, 어떤 사람은 상처받고, 어떤 사람은 기사회생을 했다.

이번 장에서는 '전'에서 '투'로 시점이 바뀐다. 포에니 전쟁의 일부인 칸나에 전투라는 전사(戰史)에 남을 포위전을 전개한 한니발, 현대 영국의 기초가 된 노르만인의 브리튼 섬 침공, 유럽 세계에 다양한 의미에서 강렬한 충격을 준 몽골인의 실상, 월드컵에 숨겨진 국제 관계의 심층, 현실의 전투가 아닌 자기미학에 목숨을 바친 시인의 말로, 히틀러에게 사악한 독재자가 되는 미약(媚藥)을 준 남자의 이야기를 하려고 한다.

로마를 격파한 완벽한 일전一戰

나쁜 짓을 하면 한니발에게 잡혀가요

칸나에 전투 승리 후, 한니발은 로마인에게 정복당한 이탈리아 반도의 여러 도시에 대해 로마로부터의 배반을 계획했지만 착오로 인해 전쟁은 더욱 장기화되었다. 그동안 로마는 전세를 회복하여 스키피오가 거느린 정예부대가 카르타고를 공격했다. 급하게 귀국한 한니발은 자마 전투(기원전 202년)에서 패배하였고, 제2차 포에니 전쟁은 그렇게 끝이 났다. 그러나 숙적 로마는 한니발을 계속 추격했고, 본국 카르타고조차 패장인 그를 버렸다. 진퇴양난에 빠진 그는 결국 독배를 마시고 '망은의 조국이여!'라는 한이 서린 말을 남기고 절명했다고 한다.

이탈리아 반도를 공격한
카르타고의 장군 한니발. 그는
고대 로마가 가장 두려워한
최강의 라이벌이었다.

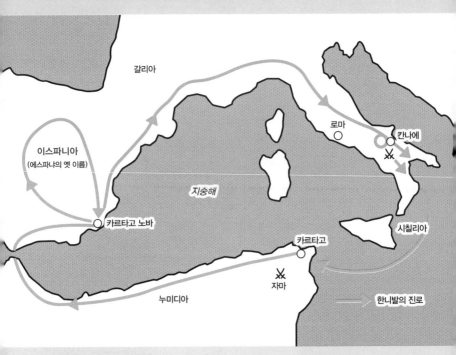

갈리아

로마

칸나에

이스파니아
(에스파냐의 옛 이름)

지중해

카르타고 노바

카르타고

시칠리아

자마

누미디아

한니발의 진로

제2차 포에니 전쟁 관련 지도
기원전 3세기 후반, 지중해 주변 지역

역사에 남을 완벽한 포위 섬멸전

'나쁜 짓을 하면 한니발에게 잡혀가요'

고대 로마의 아이들은 부모에게 이 말을 들으면서 자랐다. 아이들을 겁줄 때 사용될 정도로 로마인에게는 괴롭고 쓰라린 경험을 겪게 한 카르타고의 무장 한니발의 존재는 컸다. 카르타고와의 포에니 전쟁에 승리하고 지중해가 로마인에게 '우리들의 바다'가 된 후에도 한니발의 이름은 로마인에게 계속 경외와 공포의 대상이었다.

지중해를 둘러싼 카르타고와 로마의 숙명

지중해 연안의 나라 튀니지의 수도 튀니스의 북쪽 교외에는 카르타고의 폐허가 펼쳐져 있다. 일찍이 번영했던 이 도시는 페니키아인의 지중해 교역의 거점이었던 티루스현재 레바논의 티레가 기원전 9세기경에 북아프리카 진출의 거점으로 건설했던 식민지다. 이곳을 기지로 하여 페니키아인은 가장 가까운 시칠리아 섬을 비롯한 지중해 섬들과 이스파니아에 진출하여 전지중해의 패권을 장악하려고 기회를 노리고 있었다.

한편 같은 시기에 이탈리아 반도에는 라틴인이 남하하여 티베르 강가에 도시국가 로마를 세웠다. 로마는 그 후 먼저 거주

한 에트루리아인과 그리스인의 식민지와 싸우면서 반도를 통일했다. 그리고 기원전 272년에는 마침내 반도 남부의 그리스인 식민지 타렌툼현재 이탈리아 남부에 있는 항구 도시 타란토의 옛 이름을 함락시키고 이탈리아 반도를 통일했다.

카르타고나 로마에게 있어서 풍요로운 시칠리아 섬은 몹시 탐나는 곳이었다. 지중해 한가운데 위치한 시칠리아 섬을 손에 넣는다면 지중해를 마음대로 지배할 수 있기 때문이다. 그렇기 때문에 시칠리아 섬을 둘러싼 카르타고와 로마의 충돌은 불가피했다. 라틴어로 페니키아인은 포에니라고 한다. 로마의 정치가인 카토가 확신한 것처럼 로마인에게 있어서 '카르타고는 멸망시켜야 하는' 존재였다.

카르타고 장군의
장남으로 태어나다

기원전 264년, 카르타고와 로마는 시칠리아 섬의 영유를 둘러싸고 마침내 충돌했다. 이것이 바로 제1차 포에니 전쟁의 시작이다. 로마는 해군을 동원하여 카르타고를 무찌르고 시칠리아와 사르데냐를 최초의 속주이탈리아 반도 이외의 로마 영토로 삼았다. 카르타고인이 패전의 치욕을 견디면서 로마에 대한 복수를 준비하며 때를 기다리고 있을 무렵, 카르타고 장군이었던 하밀카르 바르카의 장남 한니발 바르카기원전 246년경~기원전 183년가 태어났다.

하밀카르는 기사회생의 활로로 스페인 경영에 주력하고 카르타고 노바현재 카르타헤나를 중심으로 스페인 남부에 거점을 만들기 위해 힘썼다. 기원전 237년, 한니발은 아버지 하밀카르와 함께 스페인으로 건너갔다. 이때 하밀카르는 아홉 살이 된 한니발을 카르타고의 수호신 바르의 신전으로 데리고 가서 제단에 제물을 바치고, 아들에게 로마와의 우호를 부정하는 맹세를 시켰다고 한다.

아버지 하밀카르가 죽은 후, 한니발은 매형 하스드르발 밑에서 자랐다. 그리고 매형이 암살된 후, 병사들의 추천으로 장군의 자리에 오르게 되었다. 당시 카르타고는 에브로 강을 경계로 로마와 불가침조약을 맺었지만, 한니발은 에브로 강의 남쪽 도시인 사군툼스페인 동부에 위치한 발렌시아 주의 도시 사쿤토의 옛 이름을 포위하여 함락시켰다.

이때 한니발은 전선에 코끼리를 투입했다. 이 코끼리는 어깨까지의 높이가 2.4미터였으므로 3미터 높이의 인도코끼리, 3.3미터 높이의 아프리카코끼리에 비하면 상당히 작았는데, 조련사가 코끼리 등에 타고 창을 던졌을 것이라고 생각된다. 아마도 요즘의 탱크와 비슷한 개념이었을 것이다.

초겨울 피레네 산맥을 넘어
이탈리아로 가다

기원전 218년 4월, 한니발은 동생에게 스페인의 방어를 부탁하고, 5만 명의 병사와 서른일곱 마리의 코끼리를 이끌고 에브로 강을 건너 피레네 산맥을 넘었다. 이것이 바로 제2차 포에니 전쟁의 시작이었다.

갈리아 땅으로 들어간 한니발은 갈리아인의 저항을 물리치고 로마인을 증오하고 있던 갈리아인을 아군으로 편입시키면서 동쪽으로 전진했다. 그리고는 론 강까지 전진했을 때 로마군에게 발견되었다. 위치를 감추기 위해 방향을 전환하여 알프스 산속으로 들어갔지만 월동 준비를 하지 못한 채 한겨울에 알프스를 넘는 강행군이었다. 이 때문에 대부분의 코끼리와 많은 병사들을 잃었지만 이들의 이동경로와 손해 규모에 대해서는 정확하게 알려진 바가 없다. 그리고 마침내 롬바르디아의 들판에 도착했다. 설마 초겨울에 알프스 저편에서 본토까지 진출하리라고는 꿈에도 생각하지 못했던 로마의 원로원은 깜짝 놀랐다.

기원전 216년 8월, 칸나에 들판에서 격돌하다

북이탈리아에 침입한 한니발은 티치노 강 서안 평원에서 로마

군을 무찌르고, 12월에는 트레비아 강변에서 스키피오군을 격
파했다. 이를 계기로 그때까지 충성심이 불확실했던 갈리아인
부대도 한니발군에 합류했다.

다음해 봄에는 트라시메누스 호수에서 남하를 막으려고 진
격해 온 플라미니우스의 로마군을 격파했다. 카르타고측은 진
격하는 곳마다 로마의 동맹 도시에 로마를 배반할 것을 촉구
했다. 여러 동맹 도시가 로마의 시민권을 부여받지 못하고 증
세增税에 허덕이고 있었기 때문이다.

한편 로마의 장군 파비우스는 한니발과의 결전을 두려워하
여 결정적인 전투를 피하고 있었다. 기원전 216년 8월 2일, 드
디어 카르타고군이 남쪽으로 전진하여 양군은 칸나에현재 칸네
들판에서 격돌하게 되었다.

훌륭한 전술로 로마군을 압승하다

한니발군의 병력은 보병 3만5천 명, 기병 1만 명이었다. 한편
테렌티우스 바로와 아에밀리우스 파울루스가 거느린 로마군은
보병 6만5천 명, 기병 6천 명으로 병력으로는 중장보병전술이
특기인 로마군이 압도적으로 우위였다.

양군은 당시 전투의 정석대로 중앙에 보병대, 좌우 양쪽에
기병대를 배치하는 진형을 취했다. 그러나 한니발은 보병대를

중앙에 얇게, 그리고 좌우 양쪽에 기병대를 두껍게 ∩형으로 배치하고, 좌익에 중장기병, 우익에 기동력이 좋은 북아프리카 기병대를 배치했다.

수적으로 우세한 로마군은 상대적으로 방어가 약한 한니발군의 중앙부로 돌격했다. 따라서 한니발의 보병대는 조금씩 후퇴하지 않을 수 없었다. 그러나 중앙군이 퇴각하면서 적을 유인하면 주력군을 포위군 쪽으로 향하게 한다. 이것이 한니발의 작전이었던 것이다. 로마군의 보병대의 진형은 U형이 되고 결과적으로 중앙부가 돌출하게 되어 한니발군의 진형 안으로 들어가게 되었다.

이때 우수한 병력의 북아프리카 중장기병대는 대항하는 로마군 기병대를 견제하여 전진하지 못하게 했다. 그러나 로마군 보병대의 진형이 U형이 되었을 때, 한니발은 북아프리카 기병대가 견제하고 있었던 반대쪽 날개의 로마군 기병대의 측면을 공격하여 쫓아버렸다.

로마군 기병대를 추격하는 일은 북아프리카 기병대에 맡기고, 카르타고군의 기병대 본대와 중장보병은 로마군 보병대의 뒤에서 공격했다. 도망치려고 하는 로마군의 U자 내부는 마치 지옥과 같았고 압사자가 속출했다. 열세한 카르타고군은 완벽한 포위 섬멸전으로 승리를 거둔 것이다. 이 전투에서 로마군은 엄청난 희생을 치렀다. 사상자는 약 6만 명으로 거의 전사하고 말았다. 카르타고군의 사상자가 약 6천 명에 불과했으므로 로마군에게는 괴멸적인 타격이었다.

2130년 후의 '칸나에 전투'

시대가 바뀌어, 제1차 세계대전에서 독일은 프랑스와 러시아 양국과의 양면전을 피하기 위해 참모총장 폰 슐리펜을 중심으로 슐리펜 작전을 계획했다. 이 작전의 골자는 러시아군의 행동이 느리다는 전제하에 러시아군이 동원을 완료하는 1~2개월 사이에 독일 주력군을 프랑스 전선에 집중시켜 프랑스 주력군을 속전속결로 먼저 포위 섬멸한 후, 즉시 전군을 러시아 전선에 투입한다는 것으로 칸나에 전투를 모델로 한 작전이었다.

개전과 동시에 프랑스군은 보불 전쟁에서 잃은 땅을 되찾기 위해서 알자스로렌 방면으로 주력군을 보낼 것이므로 독일군은 이곳에 30만 정도의 병력을 두었다. 그러나 이것은 방비가 약한 독일군에게 프랑스 주력군을 유인하는 양동작전陽動作戰이었다. 독일 주력군 60만여 명은 북쪽 도버 해협을 거쳐 북동부에서 프랑스에 침입하여 파리의 배후를 위협하면서 프랑스 중앙부로, 그리고 알자스로렌 방면의 프랑스군 주력의 배후를 돌아 포위 섬멸할 작전이었다. 이 작전은 분명 칸나에 전투에서 착안한 것이었다.

그러나 이 작전을 현실로 옮기는 데는 큰 모험이 필요했다. 중립국인 벨기에를 통과하지 않으면 안 되었기 때문이다. 중립국을 침범하면 영국의 참전을 피할 수 없었다. 게다가 독일 국경 근처에는 벨기에의 리에주 요새가 가로막고 있었다. 이 요새를 공략하는데 시간을 뺏기면 슐리펜 작전 자체가 성립되지 않는 상황이었다.

그러나 독일군은 러일 전쟁의 경험을 바탕으로 중포로 집중 공격하여 이곳을 2주 만에 돌파하고 프랑스로 쳐들어갔다. 그리고 베르단 부근에서 프랑스 제3군 20만 명을 포위했다. 그렇지만 독일군은 여기에서 실수를 범했다. 프랑스 제3군을 포위 섬멸하는 유혹을 이기지 못했던 것이다. 프랑스 주력군을 알자스로렌 지역에서 포위 섬멸하기 위해서는 프랑스 제3군 등에 시간을 낭비해서는 안 되었는데, 독일군은 기다렸다는 듯이 제3군을 포위한 것이었다. 이 때문에 독일군의 진형은 무너지고 말았다.

한편 독일군이 파리를 목표로 할 것이라고 생각하고 있던 프랑스군도 독일군의 움직임을 수상하게 여겼다. 탐찰기로부터 서쪽 파리 방향으로 향하고 있던 독일군이 동쪽으로 진격 방향을 전환했다는 보고를 받은 파리 방위사령관 갈리에니 장군은 9월 6일, 군단의 측면을 드러낸 독일군에 대해 총공격 명령을 내렸다.

독일군의 최우측에 위치한 제1군은 공세에 나선 갈리에니 군에 반격했다. 한편 파리에서 동쪽으로 가는 철도가 끊긴 프랑스군은 증원군의 충원이 힘든 상황이었다. 그 때문에 갈리에니는 계책을 냈다. 파리에 있는 3천여 대의 택시를 징발한 것이다. 경관과 병사가 거리에서 택시를 멈추고 그 자리에서 승객을 내리게 한 뒤 증원군을 태우고 전선으로 보냈다. 이렇게 시간을 버는 동안 조프르의 프랑스 주력군도 반격에 나서 마른 전투에서 독일군의 남하를 막았다. 독일군 사령관은 9월 8일에는 작전이 종료되고 전쟁이 승리로 끝날 것이라고 확신하고 있었는데, 결국 슐리펜 작전은 실패하고 말았다.

신사의 나라 영국도 천 년 전에는 무법지대

그것은 어느 왕국의 이변의 징조였다

해협에 접한 프랑스의 항구도시 칼레에서 영국의 도버까지는 약 80 킬로미터의 거리다. 현재는 유로터널로 연결되어 10분이면 오고갈 수 있다. 한편 부산에서 후쿠오카까지의 거리는 거의 두 배에 가까운 약 200킬로미터다. 중간에 가로놓인 대마도(쓰시마 섬)를 끼고 각각 약 100킬로미터의 거리다. 그리고 한국과 일본 사이의 해협은 조수의 흐름이 훨씬 빠르고 기후조건이 변덕스러워 이를 고려하면 1천 년 전에는 한국과 일본의 최단 항해는 틀림없이 불가능했을 것이다. 이 차이가 일본의 독립을 간신히 지켰다고 할 수 있다. 그러나 오늘날 한국과 일본이 터널로 연결되는 날도 그렇게 멀지는 않았다.

11세기의 풍속과 당시의 전쟁
모습을 잘 보여주는 귀중한
사료인 바이외 태피스트리에
그려진 헤이스팅스 전투.

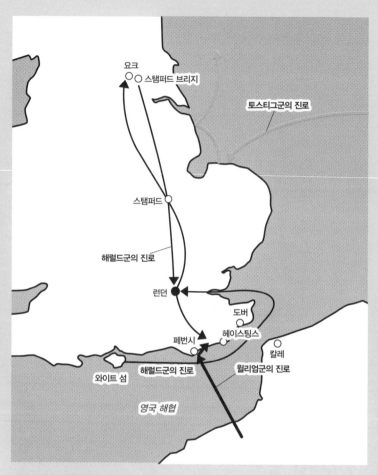

요크
스탬퍼드 브리지
토스티그군의 진로
스탬퍼드
해럴드군의 진로
런던
도버
페번시
헤이스팅스
칼레
와이트 섬
해럴드군의 진로
윌리엄군의 진로
영국 해협

헤이스팅스 전쟁 관련 지도
11세기 중반 경, 영국

중세사를 장식한 영국과 프랑스의 대립이
헤이스팅스 전투에서 시작되다

1944년 8월 25일, 파리는 4년간의 독일군 지배에서 벗어나 독일군은 기다리던 해방을 맞이했다. 그리고 해방되기 여러 날전, 악명 높은 나치스 친위대의 총통 하인리 힘러의 선물로 '바이외 태피스트리'를 독일에 가지고 가려고 했다. 그렇지만 다행히도 혼란에 빠진 독일군은 선물을 챙길 여력이 없었다.

'바이외 태피스트리'란 도대체 무엇인가? 이것은 일찍이 노르망디의 바이외 대성당에 보관되어 있던 가로 70미터, 세로 50센티미터의 장대한 벽걸이다. 노르망디 공 윌리엄이 영국을 정복한 1066년의 헤이스팅스 전투 이야기 등을 표현하고 있다. 이것은 11세기의 풍속과 당시 전투의 모습을 알 수 있는 현존하는 사료로 희소가치가 매우 높다.

민족이동의 흐름에 농락당한 영국

브리튼 섬은 크게 세 지역으로 나눌 수 있다. 남부의 잉글랜드, 북부의 스코틀랜드, 그리고 서부의 웨일스다. 각 지역마다 전통에 대한 긍지가 높고 독자적인 문화를 형성하고 있다. 예를 들면 위스키와 스카치, 20세기 초 대정치가 로이드 조지의 웨일스 사투리 등이다. 이들은 모두 과거의 민족이동과 관련이 있다.

유틀랜드 반도에서 브리튼 섬으로 대거 침입한 앵글로 색슨족이 선주민족인 켈트족을 정복하면서 잉글랜드 전역으로 세력을 확대해 나간 것은 5세기 전반의 일이다.

그들은 곧 머시아, 노섬브리아, 웨식스 등의 헤프타키라고 불리는 7개 소왕국을 세우고, 서로 싸우며 세월을 보냈다. 하지만 9세기 초 웨식스의 에그베르트 왕이 7개 소왕국을 통일하여 잉글랜드 왕국을 세웠다. 하지만 그것도 잠시, 이번에는 스칸디나비아 반도에서 노르만인통칭 바이킹이 손으로 젓는 배에 수십 명의 전사를 태우고 북해와 발트해, 지중해 해안을 침범했다. 그리고 이에 맞서 싸운 왕이 잉글랜드의 알프레드였다. 알프레드 대왕은 덴마크에 본거를 둔 데인인을 격퇴하고, 놀랍게도 그들을 가톨릭으로 개종시킨 것으로 유명하다.

그러나 잉글랜드 왕국의 독립도 그리 오래가지는 못했다. 1016년에 덴마크의 크누트 왕이 침입하여 잉글랜드를 정복하고 데인왕족을 세웠기 때문이다. 그렇지만 크누트의 후계자가 요절했기 때문에 귀족들은 잉글랜드 왕국의 정적으로 색슨인이자 교회의 보호자로 알려져 있던 경건한 에드워드를 왕으로 즉위시키고 잉글랜드 왕국을 부흥시켰다. 소위 '참회왕 에드워드'로 후세에 널리 알려진 인물이다.

노르망디 공국의 성립

그로부터 약 1세기 전, 족장 롤로가 거느린 노르만인 일대—代가 센 강에 접한 루앙을 약탈했다. 그리고 911년, 세력이 약한 서프랑크 왕에게 그 땅의 일부를 받고 노르망디라고 칭했다.

롤로의 손자 리처드프랑스명 리샤르 2세는 자신을 노르망디 공이라고 칭할 정도로 강대해졌지만, 그리스도교로 개종하여 생활습관도 언어도 프랑스풍으로 변했다. 그렇지만 그는 잉글랜드와의 관계도 중요시했으며, 여동생 에마를 크누트에게 정복당한 잉글랜드 왕 에셀레드에게 시집보냈다. 바로 참회황 에드워드가 우둔왕이라는 별칭을 가지고 있는 에셀레드와 에마의 자식인 것이다.

노르망디 공 리처드 2세는 차남인 로베르에게 공령을 물려주었으나, 그의 평판은 그리 좋지 않았다. 한편 로베르는 예루살렘을 순례하다가 순례 도중에 미혼으로 사망했다. 그러나 로베르에게는 가죽가공업체의 딸 사이에 낳은 윌리엄프랑스명 기욤이라는 아들이 있었다. 로베르는 생전에 윌리엄을 후계자로 지명했다. 그렇지만 정식으로 혼인한 부인 사이에서 태어난 아이가 아니기 때문에 대부분의 귀족들이 이의를 제기하고 반란을 일으켰다. 그러나 윌리엄은 반란을 진압하고, 마침내 노르망디 공이 되었으며, 빼앗긴 공령을 되찾았다.

해럴드를 후계자로 지명한
에드워드

한편 웨스트민스터 사원을 세울 정도로 신앙심이 깊었던 참회
왕 에드워드는 국왕이 되기를 원하지 않았으므로 정무에는 관
심을 보이지 않았다. 아내는 있었지만, 수도사적인 생활을 하
고 싶어 했기 때문에 후계자도 없었다. 그리고 색슨인인 에드
워드는 크누트로부터 자신을 지키기 위해 오랫동안 프랑스에
서 자라면서 자신을 노르만인이라고 생각하게 되었다. 그렇기
때문에 그는 국왕이 된 후, 정적이 없는 자신의 후계자로 친분
이 있는 윌리엄을 지명하기로 약속했다. 바로 1051년경의 일
이었다. 그러나 에드워드의 의부 웨식스 백작 고드윈과 그의
아들들은 이에 승복하지 않았다. 특히 고드윈의 아들이자 에드
워드 왕비의 오빠인 해럴드가 앞장서서 반대했다.

　1066년 1월 5일, 사망 직전의 참회왕 에드워드는 의식이 몽
롱한 상태에서 반강제로 해럴드를 후계자로 지명했다.

노르망디 공 윌리엄의 잉글랜드 침공

즉위하자마자 바로 왕위계승을 둘러싼 형제간의 싸움이 시작
되었다. 해럴드의 동생 흉포한 토스티그는 왕위를 빼앗기 위해
노르웨이왕 하랄 3세의 지지를 받으면서 남동해안 일대를 침

범했고, 1066년 9월에 잉글랜드 중앙부 요크셔 지방에 진출했다. 그러나 해럴드는 용감하게 반격했다. 런던에서 북쪽으로 약 400킬로미터 떨어진 요크로 통하는 스탬퍼드 브리지에서 9월 25일에 하랄과 토스티그를 격파했다.

한편 노르망디 공 윌리엄은 7월에 함대를 잉글랜드로 보내려고 했으나 역풍이 불어 출발이 불가능했다. 병사들은 전투와 약탈을 상상하는 것만으로도 몸이 근질근질하고 주체할 수 없는 흥분으로 폭발 직전이었다. 그리고는 9월 27일에 마침내 바람이 순풍으로 바뀌었다. 윌리엄은 즉시 출항을 명령했다. 이윽고 밤이 되자, 해협을 횡단하는 6천 명의 병사의 두려움이 수백 마리 군마의 울음소리와 함께 윌리엄에게 중압감으로 다가왔다. 그리고 28일 아침, 함대는 무사히 잉글랜드의 페번시 해안에 도착하여 즉시 요새를 구축했다.

노르만인이 승리한
헤이스팅스 전투

해럴드가 승리에 도취한 것도 잠시, 전령이 노르만인의 상륙을 전했다. 해럴드 부대는 신속했다. 요크에서 약 400킬로미터에 이르는 거리를 잠시도 쉬지 않고 줄곧 달려 10월 14일에 윌리엄과 만났다. 해럴드의 주력군은 해럴드가 직접 지휘하는 베테

랑 부대와 무장 농민을 포함한 지방소집병으로 이루어진 혼성 부대였다. 그들은 검과 창 혹은 도끼를 무기로 썼으며, 연 모양으로 다듬은 참피나무를 금속으로 보강한 둥근 방패로 몸을 지키고 있었다.

한편 윌리엄 군대의 형세도 기본적인 장비는 같았지만, 방어용 미늘갑옷을 입고 연 모양의 방패로 몸을 방어했다. 윌리엄 군대의 형세가 결과적으로 우수했던 것은 궁병의 호위를 받는 기동력 있는 기병이 있었다는 점이었다. 가장 우수한 병사를 말에 태워 적에게 돌격하게 하고 진형이 흐트러졌을 때를 노려 단번에 적을 무찔렀다.

1070년경에 노르망디 쥐미에주 수도원의 수도사 기욤이 쓴 연대기는 당시 전투의 모습을 이렇게 기술했다.

> 공윌리엄은 적의 야습을 경계하고, 해질 무렵부터 새벽까지 군대에 무장한 채로 있을 것을 명령했다. 전투는 제3시오전 9시경에 시작되었으나, 살육을 반복하면서 밤까지 계속되었다.
>
> —《서양중세사료집》, 유럽중세연구회 편, 도쿄대학출판사

색슨인도 강했다. 동시대 사람인 로버트 워스는 "노르만인의 기사가 군마에 박차를 가하고, 기사를 태운 말이 색슨인을

덮치고, 투구를 깨부수고, 눈을 도려내기까지 해도 색슨인은 겁먹은 모습을 보이지 않았다. 한 노르만인이 색슨인의 오른손을 베어 도끼를 사용할 수 없게 만들자 다른 노르만인이 앞으로 뛰어나와 양손으로 색슨인을 잡았다. 그때 노르만인이 도끼를 들어 올리려고 상체를 구부렸는데, 긴 손잡이가 붙은 도끼를 가지고 있었던 색슨인은 기회를 놓치지 않고 즉시 노르만인의 뒤를 습격하여 뼈라는 뼈는 모두 부수어 내장과 폐가 튀어나왔다."라고 당시의 처참함을 기록으로 남겼다.

전투는 일진일퇴로 계속되었지만, 해럴드는 전투 초기에 눈에 화살을 맞고 사망했다. 해럴드의 임종을 '바이외 태피스트리'는 생생하게 묘사하고 있다. 전투의 대세는 노르만인 쪽으로 기울었고, 마침내 윌리엄이 승리했다. 이렇게 하여 잉글랜드는 드디어 민족이동에 종지부를 찍었다.

쥐미에주 연대기에는 "그 무렵, 북서쪽에 별이 나타났다. 그 별은 15일간에 걸쳐 세 줄기의 긴 빛을 뿜으면서 남쪽 하늘까지 비추고 있었다. 많은 사람들의 말에 따르면, 그것은 한 왕국의 이변의 징조였다."라고 기록되었다. 태피스트리에는 혜성과 그것을 가리키는 병사의 모습도 그려져 있는데, 이 혜성이 약 76년 주기로 출현하는 핼리혜성이라는 것이 18세기에 밝혀졌다.

노르만 정복으로 영국은
어떻게 변했는가

헤이스팅스 전투에서 승리한 노르망디 공 윌리엄은 윌리엄 1세_{재위 1066~1087}로 즉위하고, 노르만 왕조_{1066~1154년}를 열었다. 그는 전투의 주역으로 활약한 노르만 기사들에게 보답하기 위해 잉글랜드 토지를 몰수하여 이를 기사들에게 나눠 주는 논공행상을 실시하였다. 또한 대륙의 봉건제도를 도입하여 주종관계를 강화했다.

또한 한편으로는 앵글로 색슨인의 관습을 존중하면서 행정제도를 정비해 나갔다. 그리고 그가 사망하기 1년 전인 1086년에는 전국의 토지소유자를 솔즈베리에 모두 모아 충성을 맹세하게 했고, 전국적으로 토지 검사를 실시하여 둠즈디 북_{토지조사서}이라고 불리는 토지대장을 만들었다. 이로 인해 잉글랜드에는 왕권이 강한 봉건제가 성립되었다.

또한 노르만 정복을 계기로 노르만 사투리가 강해졌다. 프랑스어가 지배계급의 언어로 사용되었고, 부사와 형용사, 명사 등에 프랑스어가 추가되면서 앵글로 색슨어와 융합되었다. 때문에 이후의 영어 표현이 더욱 다채로워졌다.

이와 같이 현재의 영국은 몇 차례의 민족이동을 겪으면서 여러 층의 역사를 형성하게 된 것이다. 한편 같은 섬나라인 일본에서도 도이_{刀伊}라고 불리는 여진족_{女真人}이 50여 척의 군함으로 쓰시마対馬, 이키壱岐를 습격하고, 히젠肥前, 사가현 북부과 마쓰우라松浦, 나가사키 북부에 침공한 '도이의 입구'라는 사건이 1019년에 일어났었다. 다행히 규슈九州의 무사단의 활약으로 도이는 격퇴되었지만, 일본도 헤이씨平氏와 겐씨源氏의 2대 무사단이 대립하는 격동의 시대로 들어서게 되었다.

무솔리니에게 패배한 시인

놀라운 대중 선동가이지만 사령관으로서의 자질은 없다

서양 근대음악이 갖고 있는 종래의 음악어법을 크게 바꾼 인물을 꼽으라면 리하르트 바그너를 들 수 있다. 그는 젊은 나이에 1848년 혁명으로 좌절을 맛보고, 유럽 각지를 전전하면서 종합예술 '악극(樂劇)'의 실현을 꿈꾸었다. 그리고 만년에 바이에른 왕국의 루트비히 2세에게 원조를 받아 바이로이트에 이상향을 만들고 자기 미학을 완성시켰다. 그런데 이 이야기의 주인공 단눈치오는 어떠했는가? 그는 피우메(크로아티아의 서부에 있는 리예카의 옛 지명)에 자신의 이상향을 만들려고 했으나 실패했다. 그뿐인가, 그 성과를 전부 정적인 무솔리니에게 빼앗겼다. 이 시인의 비극은 과연 무엇이었을까?

평생 댄디즘을 관철하고,
단순한 시인이나 문학자로서의
정적인 표현에 만족하지 못했던
단눈치오.

단눈치오 관련 지도
20세기 초, 이탈리아 북부

행동하는 시인

미시마 유키오三島 由紀夫의 자전적 소설《가면의 고백》의 첫 부분에는 여행에서 돌아온 아버지가 사온 화집에서 르네상스의 화가 귀도 레니1575~1642가 그린 〈성 세바스찬〉의 순교도를 보는 장면이 있다.

> 그 그림을 본 순간, 나의 모든 존재는 어떤 이교도적인 환희로 벅차올랐다. 내 피는 분노한 듯 끓어올랐고, 나의 육체의 기관은 분노의 빛을 띠었다. 이 거대한, 금방이라도 터질 듯이 부풀어 오른 나의 일부는 처음으로 격심하게 나의 행동을 기다리고, 나의 무지를 힐책하면서 분노에 헐떡이고 있었다. 나의 손은 나도 모르게 어느 누구에게도 말할 수 없는 움직임을 시작했다. 나의 내부로부터 어둡고 번쩍이는 것이 빠른 걸음으로 돌격해 오는 것 같은 기운이 느껴졌다. 그렇게 생각하는 사이에 그것은 핑그르르 아득한 도취와 함께 세차게 솟구쳐 올랐다.

이 그림의 주인공인 세바스찬은 3세기의 로마 황제 디오클레티아누스 시대에 순교한 젊은 근위병이다. 성 세바스찬은 여러 화가들에 의해 그려진 순교도인데, 특히 레니의 그림은 우람한 근육질의 남성미가 아닌 여성적인 소년미를 표현하고 있고, 세 개의 화살을 맞고도 고통스러운 표정을 짓고 있지 않다. 이는 미시마의 동성애의 원점을 보여주는 표정과 오버랩된다.

이 세바스찬의 순교에 관한 테마를 이탈리아 시인 가브리엘 단눈치오는 프랑스어로 연극 시나리오를 썼고, 이것을 프랑스 작곡가 드뷔시는 시극詩劇으로 만들었다. 미시마는 이를 이케다 코타로池田 弘太郎와 공역했다.

게다가 단눈치오는 제1차 세계대전 후, 이탈리아가 요구한 피우메의 영토 문제로 분쟁하게 될 때 의용병을 거느리고 피우메를 점령한 행동력도 갖고 있다. '방패의 모임'을 거느리고 자위대에 쿠데타를 촉구한 미시마의 할복 자살의 복선이 된 피우메 점령 사건은 과연 어떤 것이었을까?

화려한 전반생

단눈치오는 1863년 3월에 아드리아 해에 접한 도시 페스카라 시장의 아들로 태어났다. 대부분의 천재 소년과 마찬가지로 열여섯 살에 처녀 시집《조춘早春》을 출판하여 세간에 인정을 받았다. 그 후 로마 대학에 진학하였고, 잇따라 소설을 발표했다. 또한 이십대에 결혼하여 세 자녀를 두었지만 이혼했다.

이름이 알려질수록 연극계와 사교계의 모임이 많아졌고, 여배우 엘레오노라 두세와의 염문이 화제가 되기도 했다. 그리고 1897년에 하원 의원이 되었지만, 자유분방한 생활 때문에 빚이 쌓여 1910년에 프랑스로 행방을 감췄다.

제1차 세계대전으로 귀국한 단눈치오는 연합국 측에 서서 참전하도록 대중에게 호소했으며, 자신도 지원하여 전투기 파일럿이 되었다. 쉰을 넘긴 나이에 전투기를 타는 길을 택한 점은 후에 파시즘을 예찬한 미래파 시인들과 비슷하다. 그리고 1918년 8월 9일에는 왕복 700마일을 비행하여 오스트리아의 빈 상공에서 '우리는 파괴를 위해 싸우지 않고, 살육을 위해 싸우지 않는다.'라고 독일어로 쓴, 이탈리아 국기와 같은 초록, 하양, 빨강의 3색으로 염색된 전단지를 뿌리고, 자신이 애국자임을 어필했다.

제1차 세계대전 후, 혼미한 이탈리아

독일, 오스트리아와 삼국동맹을 체결했음에도 불구하고 이탈리아는 제1차 세계대전에서 삼국동맹의 약속을 어기고 연합국 측에서 참전했다. 그 이유는 연합국이 통일 후에도 이탈리아령이 되지 않았던 남 티롤과 아드리아 해 연안의 땅이탈리아인은 이곳을 '미회수 이탈리아'라고 불렀다을 이탈리아령으로 돌려준다고 약속했기 때문이다. 그러나 문제는 어느 선까지 이탈리아령으로 인정할 것인가였다.

이탈리아는 피우메에서 달마치아 해안이라고 불리는 아드리아 해 일대의 땅은 예부터 이탈리아와의 유대가 강하고, 이탈리아인도 많이 살고 있으므로 민족자결적인 입장에서도 이탈리아에 귀속되어야 한다고 주장했다. 그러나 영국, 프랑스, 미국은 확실한 언질을 주지 않았고, 결국 피우메는 연합국 군대가 공동 관리하게 되었다. 그러자 피우메 시민들은 민족평의회를 결성하고, 이탈리아와의 합병을 일방적으로 선언했다.

1919년 1월에 파리강화회의가 시작되자, 네덜란드 수상은 피우메의 이탈리아 귀속을 주장했지만 인정받지 못하자 회의를 거부하고 귀국하여 6월에 사퇴했다. 후계자인 니티 내각도 타개책을 고려하고 있었는데, 마침내 프랑스군과 이탈리아군은 이 문제로 충돌해 프랑스군 병사 아홉 명이 전사했다. 그리고 연합국은 현지 이탈리아군의 삭감과 민족평의회의 해산을 결정했다.

이때 베네치아의 '카제타 로사^{작고 빨간 집}'라는 저택에 살고 있던 단눈치오는 오십대 중반을 넘기고 머리도 벗겨졌지만 의욕만은 넘쳤다. 1912년에 완성한 네 권의 시집인《하늘과 땅과 바다와 영웅의 찬가》의 평판은 물론이고, 빈의 결사행으로 대중에게 호평과 갈채를 받았다. 이즈음에 시인은 불시착 사고로 오른쪽 눈의 시력을 잃어 화제가 되었고, 그의 장렬함에 이끌린 부인들에게 둘러싸여 화려한 연애 유희의 나날을 보내고 있었다. 그렇지만 시인의 마음속에는 행동을 갈망하는 신들린 듯한 미학적 정념이 여전히 끓어오르고 있었다.

결기와 패배의 미학

1919년 9월 11일 오전 8시, 결기를 촉구하던 젊은 장교 프라제티가 카제타 로사의 문을 노크했다. 군복을 차려입고 기다리고 있던 단눈치오는 모터보트로 건너편 강가 메스테르까지 가서 또 배를 타고 산지울리아노로 갔다. 그리고 동지들이 기다리는 집결지인 론키라는 작은 마을에 도착했다. 다음 날 날이 채 밝기도 전에, 단눈치오는 빨간 오픈카 피아트501을 탔다. 그리고 서른다섯 대의 차로 186명의 동지를 태운 대열의 선두에 섰다. 이 연출 과잉의 퍼포먼스에 매료된 것일까? 가는 곳곳마다 의용병이 점점 늘어나 그 수는 눈 깜짝할 사이에 2천 명을 넘었다.

국경의 마을 카스텔노바에서는 이 사태를 막으려고 장갑차와 총을 소지한 국경경비대가 대기하고 있었다. 그러나 그들은 단눈치오의 모습을 한번 보더니 단번에 반란군에 합세했다. 이제 누구도 이 기세를 멈출 수는 없었다. 오전 11시 45분, 빨간 피아트501을 선두로 2천5백 명의 반란군이 피우메 마을

크로아티아 서부에 위치한 피우메(현재 리예카)

1차 세계대전 후 이탈리아와 유고슬라비아 사이에 피우메의
영유권을 두고 논쟁이 불거지자, 이탈리아의 시인 단눈치오는
민병대를 조직해 1920년부터 1924년까지 약 4년 간 피우메를
점령했다.

로 들어갔다.

Viva Fiume Italiana이탈리아령 피우메 만세!

온 마을에 환호의 함성이 퍼졌다. 영국과 프랑스의 병사도 흥분한 시민과의 충돌을 피하기 위해 시외로 퇴각했다.

시청 발코니에서 "피우메는 누구의 것인가?"라고 시인은 물었다. "우리의 것이다."라고 군중이 대답했다. "미래는 누구의 것인가?" "우리의 것이다." 흥분이 절정에 달했을 때, 단눈치오가 만든 구호 "에어 에야 아 라 라"의 함성이 광장 가득 터져 나왔다. 몇 번이고 함성의 메아리는 계속되었다.

한편 이탈리아의 피에트로 바돌리오 장군은 단눈치오에 대해 "그는 정말 에너지의 원천이고 놀라운 대중 선동가이지만 사령관으로서의 자질은 없다."라는 말을 남기기도 했는데, 그는 단눈치오의 약점을 훌륭하게 알아맞혔다.

단눈치오 밑에는 생디칼리스트인 데 앙브리스와 아나키스트인 대물 말라테스타, 파시스트 등 여러 단체들이 모여 피우메 독립정부의 종합방침을 제시한 헌장을 발표했다. 그 헌장에는 "국가는 사물에 대한 개인의 절대지배로서의 재산을 인정하지 않으며, 재산은 원래 유용한 사회적 기능이라고 간주한다. 어떠한 개인도 어떠한 재화를 자기의 일부인 것처럼 보유할 수 없다." 또는 "음악은 종교적·사회적 제도다. 천 년마다 1만 년마다 민중의 깊은 곳에서 찬가가 생성되고, 이것이 영원한 생명을 가진다. 위대한 국민은 스스로 모방하여 자신의 신을 창조하는 것뿐 아니라 그 신을 위해 찬가를 창조하는 것이다."라는 내용이 적혀 있었다.

이것은 헌장이라기보다 시인의 미학을 표명한 것이라고 할 수 있었다. 차츰 군중의 열광은 환멸로 바뀌었다. 아무리 단눈치오가 천재라고 해도 매일 대중의 호평을 받는 퍼포먼스를 연출하는 것은 불가능했다. 게다가 정부차를 포위하여 일용할 양식을 조달할 수 없게 되자 변덕스러운 피우메 시민들의 눈은 증오로 변했다.

매일매일 내몰아져가는 시인을 거들떠보지도 않고 정부가 움직이기 시작했다. 영토문제에 대해서 이탈리아 정부는 피우메를 자유항으로 하고, 이탈리아에서 피우메항으로 가는 가늘고 긴 회랑지대를 이탈리아령으로 한다고 했다. 그리고 이탈리아는 단눈치오에 대한 영토 요구를 철회하는 선에서 유고슬라비아와 타협하는 라팔로 조약을 1920년 11월에 체결했다. 궁지에 몰린 쥐가 고양이를 무는 심정으로 시인은 최대 라이벌에게 로마 진군을 제안했다. 그러나 무솔리니는 상대하지 않았다. 시인의 동지들도 분열하기 시작했고, 사태는 최악으로 치달았다. 정부는 단눈치오에게 최후의 접촉을 시도했지만, 시인은 라팔로 조약을 백지화하지 않으면 협상에 응하지 않겠다고 답했다.

"피우메를, 연안의 여러 섬들을, 단눈치오를 지키기 위해 우리는 최선의 조치를 취한다. 만약 들어주지 않으면 중략 이탈리아와 피우메 사이에 피로 물든 우리 시체를 영원히 걸어둘 것이다!"

네빌리아 장군은 12월 24일 저녁부터 함포 사격을 시작했다. 단눈치오는 '피의 크리스마스'라고 외쳤다고 한다. 항복은 시간을 필요로 하지 않았다. 시인은 포격 중에도 동전점으로 대응방침을 결정했다고 한다. 동전을 던져서 앞이 나오면 끝까지 항전하고, 뒤가 나오면 항복하자고 말했다고 한다.

"뒷면이다. 항복하자!"

사실 어느 쪽이 나와도 항복할 수밖에 없었을 것이다. 과연 미시마는 이 일화를 알고 있었던 것일까? 1924년, 무솔리니는 손쉽게 피우메를 합병했다.

발슈타트의
진실

우리들은 신의 가호로 이 시련을 견뎠다

훌륭한 중국산 도자기, 그중에서도 군청색으로 그려진 동식물의 디자인은 유럽 왕후귀족의 마음을 빼앗았고, 고가의 항아리는 누구나 탐내는 물건이 되었다. 그러나 중국은 청자나 백자를 만드는 기술은 뛰어났지만, 그림을 입히는 기술이 없었다. 반면 페르시아의 장인들은 코발트 안료를 사용해서 도자기에 그림을 입히는 것이 특기였지만, 도자기를 만드는 기술이 없었다. 이 두 가지 기술을 융합시킨 것이 바로 몽골인의 세계제국이었다. 서아시아와 서양을 잇는 것이 '12세기 르네상스'라면, 동아시아와 서아시아를 잇는 것은 '13세기 몽골 르네상스'라고 할 수 있을 것이다.

유럽의 기병 군단은 가벼운
전투복으로 기동력을 높인
몽골 기병에 농락당했다.

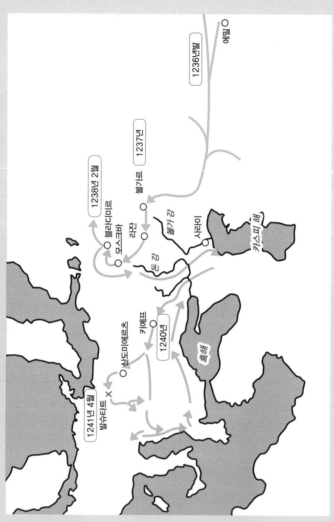

몽골군의 주요 진로
13세기 후반, 유라시아

유럽인이 품은 몽골인의 이미지

폴란드의 옛 수도 크라쿠프에 갔을 때, 시청사 발코니에 중세풍 의상을 입은 사람이 나타나 정오를 알리는 나팔을 부는 광경을 본 적이 있다. 그런데 멜로디가 도중에 갑자기 뚝 끊겨버려서 정말 기묘했다. '곡을 연주하는 것이 아니었나?'

이해가 되지 않아서 알아보니, 13세기 몽골의 습격 당시, 우연히 같은 장소에서 같은 복장을 한 나팔 연주자가 정오를 알리기 위해 발코니에 서서 나팔을 불기 시작했을 때, 갑자기 쳐들어온 몽골군이 쏜 화살에 맞고 떨어져 죽은 일이 있었다고 한다.

이러한 옛일에서 유래하여 폴란드에서는 정오가 되면 텔레비전에서 이 광경이 시보로 흘러나온다. 그런 옛일이 지금까지 계승될 만큼 몽골의 침략은 기독교인에게 혼란을 불러일으켰던 것이다.

영화에 부각된 잔인한 모습

수많은 걸작을 남긴 러시아의 영화감독 안드레이 타르코프스키는 1967년 중세 러시아의 성상화가로 유명한 '안드레이 류블로프'를 주인공으로 한 영화를 발표했다. 이 영화〈안드레이 류블로프〉에는 몽골인이 도시와 마을을 모조리 불태우고, 포로로 삼은 남자들의 손을 뒤로 묶고 눕힌 다음, 불꽃이 튈 정도로 팔팔 끓는 청동을 국자로 떠서 그들의 입안에 들이붓는 소름끼 치는 장면이 나온다.

영화 속에서 몽골인은 키가 작고 털이 많으며 짐승의 눈빛 을 한 야만인의 모습으로 그려진다. 몽골인의 습격으로 13세 기 중반에 번영이 극에 달한 키예프 공국이 멸망했고, 러시아 인들은 '타타르의 멍에'라고 불리는 가혹한 지배에 시달리게 되었다. 그래서인지 영화 속에는 몽골인의 잔인함에 대한 러 시아의 원한이 집념처럼 그려지고 있다.

싸우지 않고 목적지에
도달하는 것을 목표로 했다

그런데 몽골인은 실제로도 그렇게 잔인했을까? 유라시아 대륙 에 걸친 광대한 몽골 제국을 수세기에 걸쳐 건설하고 유지한 그들이 만약 히틀러처럼 잔인하기 짝이 없는 방식으로 세계를 지배했다면, 그 제국은 아마도 오래가지 못했을 것이다.

하지만 사실은 알려진 것과 전혀 다르다. 동서교역은 물론, 헤아릴 수 없는 문화교류를 촉진시킨 몽골은 원정에 임할 때 도 실로 신중하게 일을 추진했다고 한다. 적국에 대한 철저한 내정 조사와 모략 공작은 물론, 자국의 병참 확보와 원정에 동행하는 각 부족의 의견 통일을 중시했다. 최소 2년이라는 시간을 투자하며 신중하게 원정을 준비했다. 즉, 싸우기도 전에 적이 저절로 굴복하도록 만든 것이다. 그렇기 때문에 몽골의 원정군은 가능한 싸우지 않고 목적지에 도달하는 것을 목표로 했다.

하지만 같은 유목민 군대와 싸울 때는 그 전개력이나 기동성, 기본적인 전술에 큰 차이가 없기 때문에 적군이 기마부대로 공격을 해오는 경우에는 몽골군도 고전을 면치 못해 패배하는 경우가 많았다. 그에 반해 유럽과의 전투에서는 대부분의 유럽인이 이미 유목 기마민족의 전통을 잃어버렸기 때문에 승리하기 쉬웠다고 한다.

유럽인들은 야만인이라고 깔보던 이교도 몽골에게 패배했다는 분함을 못 이겨, 몽골인은 잔인하다고 단정 지음으로써 공포심을 키우려고 한 것일지도 모른다.

바투의 동유럽 침공과
러시아 공략

몽골 제국은 칭기즈칸의 셋째 아들인 오고타이우구데이가 제2대 칸이 되면서 빠르게 세력을 확장해나갔다. 먼저 오고타이는 몽골이 약소국이었을 때 몹시 괴롭힌 동방의 대국 금나라를 1234

년에 직접 원정을 나가 멸망시켰다. 이어서 1235년에 쿠릴타이 귀족과 장수 등의 유력자를 중심으로 한 집회에서 서방의 위협을 없애기 위해 서방 진출을 결정하고, 칭기즈칸의 장남 주치의 아들이자 오고타이의 조카인 바투1207~1255를 원정군의 총사령관으로 임명했다. 이때 결정된 원정군에는 주치 가문의 왕자들 외에 칭기즈칸의 아들인 차가타이, 오고타이, 톨루이 등의 왕가에서 각각의 장남이나 그에 준하는 왕족이 참가했다. 그중에서도 톨루이 가문의 장남 몽케는 가장 큰 유목집단을 거느리고 있었기 때문에 가장 중요한 인물로 환영받았다.

1236년, 바투가 이끄는 서방 원정군은 행동을 개시했다. 아랄 해의 북쪽, 지금의 카자흐스탄을 지나 군대는 두 개로 나뉘어, 바투의 본대는 볼가 강 중류에 세력을 펼치고 있는 강적 불가리아인의 땅으로 향했다. 한편 사실상 몽케를 수령으로 삼고 있는 제1군은 그보다 남쪽인 카스피 해의 북쪽, 볼가 강 하류의 킵차크 초원 일대를 나아가 1237년에 불가리아인을 항복시켰다.

그리고 드디어 러시아 침공이 시작되었다. 같은 해 12월에는 모스크바 동남쪽의 리아잔을 공략하였고, 이듬해인 1238년 1월 20일에는 모스크바를 함락시켰다. 지금은 접근하기조차 어려울 만큼 높고 웅장해서 경외심을 들게 하는 크렘린 성채지만, 당시에는 변변찮은 목재 요새에 불과했기 때문에 눈 깜짝할 사이에 공략을 당했을 것이다. 그렇지만 러시아 역사서에서는 모스크바 함락에 대해 더욱 과장되고 비극적으로 그리고 있다고 한다.

중세 러시아의 수도 블라디미르를
공략한 후 활동을 중단하다

1238년 2월, 몽골군은 혹한을 뚫고 중세 러시아의 수도 블라디미르에 도착했다. 이곳도 모스크바와 마찬가지로 토루적의 침입을 막기 위해 흙으로 쌓은 구축물도 목책도 해자도 하나같이 빈약해서 쉽게 공략할 수 있었다. 중국이나 이슬람을 공격할 때 빼놓을 수 없는 공성기나 공병대를 투입할 필요도 없었다. 반면 중국이나 이슬람의 성새는 러시아만큼 빈약하지는 않았을 것이다. 그 후 몽골군은 여러 부대로 나뉘어 크게 흩어지면서 러시아 북동쪽에서 남쪽으로 이동해 킵차크 초원에 들어갔다. 그리고 1240년 가을까지 약 2년 반 동안 활동을 중단했다.

몽골군이 활동을 중단한 데에는 몽골군 진영의 내분과도 관계가 있었다. 1239년에 오고타이의 장남 구유크와 차가타이 가문의 부리가 바투 사이가 틀어진 것이었다. 이런 사정은 멀리 떨어진 몽골 제국의 수도 카라코룸에 있는 오고타이의 귀에까지 들어갔다. 격노한 오고타이는 몽케에게 두 사람을 호송해서 돌아올 것을 명했다. 몽케는 하는 수 없이 전선을 떠나 본국으로 되돌아갔다.

발슈타트레그니차 전투

1240년에 몽골군의 군사 활동이 재개되었지만, 순수 몽골인 장병은 절반으로 줄어들고 말았다. 하지만 휴식기간 동안 다종족 혼성부대로 재편성된 몽골군은 키예프 공국의 수도 키예프를 함락시키고, 러시아 남서쪽으로 질주해나갔다. 그리고 지금의 폴란드, 헝가리, 루마니아를 말굽형으로 관통하는 카르파티아 산맥을 넘어 헝가리 분지까지 밀고 들어갔다. 1241년 4월 11일에는 모히 평원의 전투에서 헝가리 왕 베라 4세의 군대를 격파했다. 이때 베라 4세는 멀리 아드리아 해의 외딴 섬까지 도망갔다.

한편 바투군의 주력 부대에서 떨어진 차가타이 가문의 바이달이 이끄는 부대는 1241년 초 폴란드에 들어가 얼어붙은 비스와 강을 건너 2월 13일, 산도미에르츠를 공략하고 옛 수도 크라쿠프에 육박했다. 3월 18일, 크라쿠프 대공 볼레스와프 5세는 크라쿠프 근교의 페르니크 전투에서 패하고 가족과 함께 모라비아로 피난했다. 이로 인해 크라쿠프의 유력자와 주민들은 혼란에 휩싸여 산이나 숲으로 뿔뿔이 흩어졌다.

그 후 몽골군은 슐레지엔의 중심도시 브로츠와프로 향했다. 그러나 도시는 몽골군의 병참지가 되는 것을 우려한 폴란드군이 이미 초토화 작전을 펼쳐 시가지를 잿더미로 만들어버린 후였다.

슐레지엔 대공이자 경건왕敬虔公이라고 불리는 헨리크 2세는 레그니차 부근에서 아군과 동맹군의 군세를 소집하고 보헤미아의 바츨라프 1세의 대군이 도착하기를 기다렸다. 이때 바이달은 그 움직임을 예측하고 헨리크가 그들과 합류하는 것을 저지하기 위해 레그니차에서 남동쪽으로 조금 떨어진 발슈타트에서 헨리크를 도발했다.

이리하여 1241년 4월 9일, 그 유명한 발슈타트 전투가 시작되었다. 헨리크 2세가 이끄는 군대는 약 4만 명으로, 모라비아 백작 볼레스와프가 이끄는 제1군, 크라쿠프의 제2군, 미에슈코 대공이 이끄는 제3군, 독일 기사단을 중심으로 한 제4군, 그리고 헨리크 자신이 이끄는 폴란드 국왕군인 제5군으로 구성되었다.

몽골군과의 전투는 신이 주신 시련이다?

그러나 헨리크 2세의 대군은 자신들의 4분의 1에도 못 미치는 몽골 기병에 크게 패했다. 헨리크가 이끄는 군대는 미늘갑옷을 두른 기사와 그 종자들, 용병과 농민병이 뒤섞여 지휘계통이 제각각이었기 때문이다. 무엇보다 말에서 내려 일대일로 대전하는 근접전을 제일로 여기는 기사단과는 달리, 몽골 기병은 말에 탄 채 집단으로 전투하는 것이 일반적이었기 때문에 전투 방법이나 전술면에서 유럽인보다 훨씬 뛰어났다.

헨리크는 고군분투했지만 결국 전투 중에 전사하고 그의 목은 참수되었다. 그 때문에 왕비 안나는 헨리크의 신체적 특징 왼발가락이 여섯 개였다고 한다으로 그의 시신을 확인했다.

훗날 발슈타트 전투가 있었던 장소에 도시가 만들어졌는데, 거기에서 수많은 사체가 발견되어 독일어로 발슈타트'사체의 산' 전투라고 한다. 하지만 동시대 문헌에서는 이 전투에 대한 기록을 찾아볼 수 없으며, 15세기가 되어서야 중대하게 거론되기 시작했다고 한다. 폴란드는 물론 독일이나 러시아 등의 기독교인은 국가형성 과정에서, 몽골인을 과도하게 야만적이고 가혹한 이교도 민족으로 그림으로써 몽골의 침략을 자민족에게 내려진 신의 시련으로 평가했다. 아마도 그들은 '하지만 우리는 신의 가호로 이 시련을 이겨냈다.'고 말하고 싶었을 것이다.

결국 바투의 서방 원정도 여기까지였다. 몽골군이 빈에 도착하기 직전인 1242년 3월, 황제 오고타이의 붕어 소식과 함께 원정군에게 귀환 명령이 내려졌다. 하지만 바투는 본국으로 돌아가지 않고, 카스피 해로 흘러 들어가는 볼가 강 하류에 본거지를 둔 주치 울루스킵차크한국를 형성했다. 그리고 1939년에 폴란드를 침공한 히틀러는 두개골이 없는 헨리크의 유해를 베를린으로 옮겼다. 하지만 히틀러의 자살과 함께 헨리크의 유해도 행방불명되었다.

전쟁으로까지 이어진 축구 경기

어둡고 쓰라린 과거의 잔재는 아직도 남아 있고, 전쟁은 그 연장선 위에 있었다

축구하면 브라질과 아르헨티나와 같은 라틴아메리카 국가들이 강하다는 것쯤은 다들 알 것이다. 펠레나 마라도나는 월드컵을 시작으로 세계 각국의 경기장을 열광의 도가니로 만든 주역이기도 하다. 그들이 라틴아메리카가 낳은 세계적인 선수임은 말할 것도 없다. 하지만 라틴아메리카에 축구가 전해진 것은 19세기 후반으로 비교적 그 역사가 짧다. 또한 당초 브라질에서는 흑인에게 축구가 금지됐으며, 오로지 지배계층인 백인의 스포츠였다고 하니 놀라울 따름이다. 게다가 그 축구 경기의 결과가 전쟁으로까지 이어졌다면 그저 놀랍기만 한 정도가 아니다.

지금은 누구나 쉽게
즐기는 축구지만, 원래는
특권계급에만 허용된
스포츠였다.

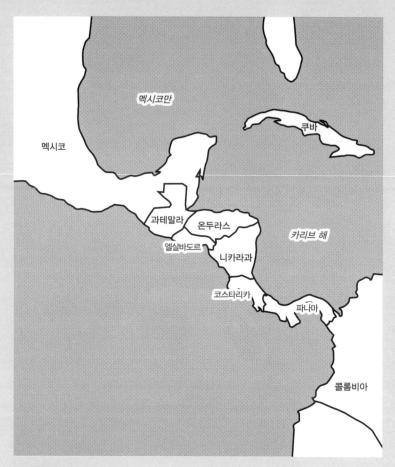

라틴아메리카의 여러 나라
20세기, 엘살바도르·온두라스

대규모 농장 경영으로 인한
온두라스와 엘살바도르의 갈등

북아메리카 대륙과 남아메리카 대륙을 잇는 지협부地峽部, 큰 육지 사이를 잇는 좁고 잘록한 땅를 중앙아메리카라고 한다. 축구 전쟁은 이 중앙아메리카에 위치하며 서로 국경을 접하고 있는 온두라스와 엘살바도르 사이에서 발발했다. 하지만 전쟁의 배경에는 라틴아메리카의 각국이 공통적으로 갖고 있던 좀 더 복잡한 문제가 얽혀 있었다.

그것은 스페인 통치시대부터 이어져 온 과거의 빚, '아시엔다라틴아메리카의 대토지 소유제도'라는 대토지 소유제도에서 기인한다. '아시엔다는 라티푼디움이라고 하는 대농장에서 지주들이 현지 농민의 노동력으로 커피나 사탕수수, 옥수수 등의 상품작물을 대규모로 재배하고 이것을 국내외에 판매하는 토지경영 형태를 말한다.

오랫동안 이와 같은 경영으로 거대한 부를 쌓아온 지주들은 사치스럽고 나태한 생활에 젖어 유럽과 미국 자본에의 의존도를 강화했다. 그리고 그들이 경영의 전근대성을 깨달았을 때는 이미 때를 놓친 후였다. 결국 낮은 토지 이용률과 비효율적인 생산성을 개선하지 못한 채, 봉건적인 가부장적 지배로 농민들을 협박하는 강압적인 경영을 계속하게 되었다.

이 결과, 지주와 농민의 극단적인 소득격차와 빈곤문제가 실패의 유산으로 라틴아메리카 각국에 어두운 그림자를 드리운 것이다.

불법 이민자의 강제송환으로
양국의 관계가 악화되다

특히 중앙아메리카의 최소국인 엘살바도르는 1제곱킬로미터당 160명2013년 기준 약 300명으로 인구밀도가 높은 편이다. 게다가 불과 열네 명의 대지주가 토지를 독점하고, 농민의 3분의 2는 토지를 전혀 갖고 있지 않았다. 정부는 1948년부터 공업화에 착수했지만, 토지문제에는 전혀 손을 쓰지 않았기 때문에 눈 깜짝할 사이에 모든 사업이 파탄 났다.

토지가 없는 농민들은 자국의 면적보다 6배나 넓고 인구가 약 절반 정도인 이웃 나라 온두라스로 불법 이주함으로써 활로를 열어왔다. 온두라스에는 광대한 미경작지가 있었기 때문에, 온두라스 정부도 불법 이주를 묵인해온 것이다. 하지만 1960년대가 되자 불법 이민자가 50만 명으로 급등해, 온두라스 농민과의 마찰이 발생했다.

온두라스 정부는 1962년에 결의한 농지개혁안을 1969년부터 실시하기로 했다. 하지만 미국의 뒷배를 얻은 독재자 로페스 아렐라노 대통령은 미국의 유나이티드 후르츠사의 바나나

플랜테이션의 광대한 토지와 대통령 일가의 토지를 분할 대상에서 제외시켰다. 이로 인해 엘살바도르의 불법 이민자들의 점거지가 분할 대상이 되었다. 결국 30만 명의 불법 이민자가 강제송환 대상이 되어 이때부터 양국의 관계는 얼어붙었다.

1969년 6월 8일, 월드컵 출전권을 건 싸움

1970년에 개최가 예정된 피파 월드컵 멕시코대회의 출전권을 건 양국의 시합이, 1969년 6월 8일 온두라스의 수도 테구시갈파에서 열리게 되었다. 사태는 처음부터 험악했다. 온두라스 군중들은 엘살바도르 선수단이 도착하자, 그들이 숙박할 호텔을 에워싸고, 폭죽과 경적을 울리며 시끄럽게 소란을 피워 선수들의 숙면을 방해했다. 라틴아메리카에서는 이런 일이 일상다반사였기 때문에 대수롭지 않게 여겼다. 시합은 종료 직전, 온두라스의 스트라이커인 로베르토 카르도나가 승리의 골을 넣으며 수면 부족으로 지친 엘살바도르를 1대 0으로 무찔렀다.

그런데 비극은 이때 발생했다. 텔레비전으로 축구 중계를 보고 있던 엘살바도르의 열여덟 살 소녀 아멜리아 볼라니오스가 아버지의 책상에서 권총을 꺼내 자신의 심장을 쏜 것이다.

엘살바도르의 언론은 그녀의 죽음을 감동적으로 써내려가

1970년 멕시코 월드컵 포스터

국경을 마주한 중미의 이웃 국가 엘살바도르와 온두라스는
영토와 이민자 등의 정치적인 문제로 갈등을 겪고 있었다. 그리고
월드컵 진출을 위한 축구 예선 경기를 발단으로 두 국가는 진짜
전쟁을 벌이게 되었다. 1969년에 약 4일간 벌어진 두 국가의
전쟁을 축구 전쟁 혹은 100시간 만에 끝났다고 하여 100시간
전쟁이라고도 부른다.

며 민족주의를 선동했다. 여론에 영합하듯 정부도 그녀를 국장으로 예우하고, 국기에 싸인 그녀의 관 뒤로 대통령, 장관, 국회의원 외에도 선수들이 엄숙한 표정으로 뒤따랐다.

엘살바도르가 승리하자
즉시 국교를 단절한 온두라스

6월 15일, 2차 경기가 엘살바도르의 수도 산살바도르에서 열렸다. 이번에는 온두라스 선수들이 뜬 눈으로 밤을 지새우는 처지가 되었다. 다음 날, 선수들은 군대가 호위하는 장갑차로 경기장까지 이동했는데, 거리에는 아멜리아의 초상화를 든 살기 어린 시민들로 가득했다.

물론 경기장의 분위기도 심상치 않았다. 기관총으로 무장한 병사들이 일렬로 서 있는 가운데 온두라스 국가가 울려 퍼지자, 엘살바도르 군중은 야유 섞인 휘파람으로 답했다. 그리고 온두라스의 국기를 불태우고 대신 너덜너덜한 헝겊을 게양하며 크게 폭소했다.

결과는 3대 0으로, 이번에는 엘살바도르의 승리로 끝났다. 그리고 패배한 온두라스 팬에게도 비참한 운명이 기다리고 있었다. 그들은 엘살바도르 군중에서 처참하게 폭행당해 두 명이 사망했고 다수의 부상자가 나왔다. 그리고 몇 시간 후에 두 나라의 국경은 폐쇄되었다. 6월 27일, 최종전이 열리고 연장전 끝에 엘살바도르가 3대 2로 승리하자 온두라스는 그 즉시 국교를 단절했다.

승리를 계기로 선제공격을 한 엘살바도르 공군

그로부터 2주 정도 지난 7월 10일, 엘살바도르 공군은 온두라스의 수도 테구시갈파 교외의 공군기지를 공습하며 전쟁을 도발했다. 온두라스 공군도 즉시 반격하며 치열한 공중전이 시작되었다. 7월 14일, 엘살바도르는 1만2천 명의 육군부대를 투입하여 온두라스를 침공했다.

이에 깜짝 놀란 미주기구OAS는 중재에 나섰다. 7월 29일 엘살바도르는 무조건 철수에 응했지만, 평화 협상은 난항을 겪었다. 온두라스는 중미공동시장에서 탈퇴하고, 엘살바도르 농민들의 이주를 금지시키는 한편 투자도 동결시켰다.

이로 인해 30만 명의 농민이 온두라스에서 추방되었고, 엘살바도르의 수도 산살바도르에는 추방된 농민들로 넘쳐났다. 그리고 대토지소유제의 해체를 외치던 좌익에 대항해 지주가 고용한 극우세력의 테러도 끊이지 않았다.

2006년 4월,
국경 문제에 종지부를 찍다

내전이 격심해지는 가운데, 1980년 10월 양국은 겨우 양보하여 페루의 리마에서 평화조약을 체결하였다. 같은 해 11월에는 12년 만에 월드컵 지구예선 결승에서 맞붙어 0대 0 무승부로 끝이 났다. 또한 1982년에는 양국이 나란히 스페인 월드컵 대회에 출전했다. 그리고 2006년 4월, 양국 대립의 최대 쟁점이었던 국경 문제도 해결하였다.

엘살바도르와 온두라스의 축구 전쟁. 우리는 혈기왕성한 라틴아메리카인의 기질이 부른 어리석은 행동이라고 생각하기 쉽다. 하지만 그 이면에는 라틴아메리카의 각 나라들이 짊어지게 된 어둡고 쓰라린 과거의 빚이 있다. 그리고 이 전쟁은 그 연장선 위에 있었다는 것을 잊어서는 안 된다.

히틀러의 스승

독일이여 깨어나라, 깨어나라!

"칸트와 괴테의 나라에서 어떻게 나치의 개선 행진이 가능했을까?"

라는 물음은 제2차 세계대전이 끝난 후 지금까지도 계속되고 있다. 논리적인 사고력이 풍부하고, 근면하고, 다소곳한 독일인의 모습을 많은 사람들은 칭찬했다. 그런 독일인이 왜 독일의 미래를 짊어진 교양시민 계층의 전통을 이어받은 사람들이 아닌, '민족과 인종'에 절대적인 가치 기준을 둔 나치즘의 광기에 한때 열광했던 것일까. 지금부터 광기의 독기를 히틀러에게 불어넣은, 지금껏 언급된 적이 없는 한 남자에 관한 이야기를 하려고 한다.

디트리히 에크하르트.
이 남자야말로 히틀러를 괴물로
만든 진정한 괴물이다.

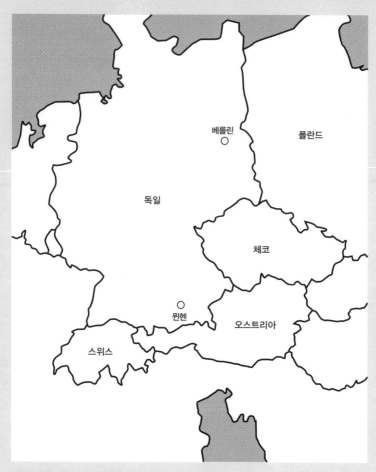

제1차 세계대전 후 '보수혁명'의 중심지가 된 뮌헨
20세기 초, 남독일

히틀러와 에크하르트의
운명적인 만남

히틀러의 고백에 따르면, 아버지 알로이스는 오스트리아와 독일을 경계 짓는 인 강에 위치한 세관에서 근무했던 관리로, 비교적 진보적인 사상을 가졌다고 한다. 집에서 유대인에 관한 이야기가 화제에 오르는 경우는 거의 없었고, 유대인에 대한 이야기가 나오면 아버지는 문화적으로 시대에 뒤떨어졌다고 잘라 말했다고 한다. 또한 그는 학교에서 반유대주의적인 이야기를 들었을 때는 오싹했다고까지 말했다. 그리고 "나는 열네다섯 살이 되어서야 겨우 '유대인'이라는 말을 어느 정도 정치적인 문제에 관한 맥락으로 이해할 수 있었다. 이것에 대해 나는 가벼운 혐오감을 느꼈다."라고 말하기도 했다.

'유대인 말살정책'이라는 무서운 사실을 알고 있기 때문에 좀처럼 믿기 어려울지도 모르지만, 히틀러는 빈에서의 방랑 시기에 그 나름의 사상적 갈등 속에서 반유대주의의 배아를 형성했다. 그리고 서른두 살에 처음으로 디트리히 에크하르트를 만나 '힘찬 이마, 푸른 눈, 황소 같은 용모, 그리고 물론 훌륭하고 솔직한 울림을 가진 목소리'에 압도되어 과격한 반유대주의자가 된 것이다.

에크하르트는 막연했던 히틀러의 반유대주의를 확고하게 만든 인물임에도 불구하고, 나치스의 역사에는 거의 등장하지 않는다. 하지만 이 인물이야말로 히틀러라는 괴물을 괴물답게 만든 진정한 괴물이라고 할 수 있다.

아버지와 대립하며,
술과 모르핀에 빠져 도피하다

인류 역사상 가장 강력한 범죄를 저지른 히틀러라는 인물의 인격 형성에 절대적인 영향을 끼친 디트리히 에크하르트는 1868년 3월 23일, 훗날 나치당의 당대회가 열리는 뉘른베르크에서 남서쪽으로 30킬로미터 떨어진 노이마르크트에서 태어났다. 아버지는 왕가의 법률고문을 맡고 있던 엄격한 인물이었는데, 에크하르트는 그보다 더 완고한 성격의 소유자였다.

열 살에 어머니를 여의고 아버지의 손에 자란 그는 사사건건 아버지와 대립하였다. 십대 초반부터 술집에 드나드는 아들에게 화가 난 아버지는 얼어붙을 것처럼 추운 어느 날 밤, 아들이 외출할 수 없도록 옷을 전부 빼앗았다. 하지만 에크하르트는 팬티와 파자마만 입고 단골 술집으로 가 자신의 지정석에 앉아 술을 마셨다고 한다.

그에게 누구에게도 제약받지 않는 자아실현 같은 목표는 있을 리가 없었다. 현실과 타협하지 못한 그는 결국 술과 모르핀에 빠져 도피하게 된다.

번역극 〈페르 귄트〉로
성공을 거두다

에크하르트는 스물여섯 살 무렵부터 신문에 바이로이트 음악제에 대한 비평을 쓰게 되었다. 이후 여러 잡지에 글을 쓸 수 있는 기회를 얻어 베를린으로 갔다. 그는 아버지의 죽음으로 많은 유산을 손에 넣었지만, 방탕한 생활로 모두 탕진해버렸다. 그 후 12년 동안 입에 풀칠하기 위한 힘든 생활이 계속되었다. 이런 빈궁 속에서 여섯 편의 희극을 쓰고 네 편을 상연하였지만, 평가는 부정적이었다.

그러던 가운데 1914년 2월, 마침내 기회가 찾아왔다. 입센의 원작 〈페르 귄트〉를 그 나름대로 재해석한 번안극이 성공을 거둔 것이다. 이 작품은 이미 1898년에 모르겐슈테른이라는 시인에 의해 번역되어 무대에 오른 적이 있었다. 하지만 에크하르트는 〈페르 귄트〉에 자신의 굴곡진 삶의 감정을 덧씌움으로써 환골탈태를 꾀한 것이었다.

주인공 페르 귄트는 왕이 되고자 하는 야망을 품고, 노르웨이의 작은 마을을 나와 더 넓은 세상을 향해 여행을 떠난다. 하지만 가는 곳마다 다른 사람의 인생을 짓밟아온 그는 이곳저곳을 떠돌다가 거지나 다름없는 모습으로 고향에 돌아온다. 하지만 고향에는 자신에게 버림받았음에도 불구하고 아직도 그를 사랑하는 솔베이그가 있었고, 그는 그녀에 의해 구원을 받는다작곡가 그리그도 이 이야기를 소재로 한 조곡을 작곡하였다.

1921년 10월, 에크하르트는 자신이 번안한 이 희곡을 '친애하는 벗'이라는 헌사를 붙여 히틀러에게 보냈다. 게다가 제3차 십자군을 이끈 슈타우펜 왕조의 신성로마 황제 하인리히 6세재위 1190~1197년를 주인공으로 한 〈하인리히 6세—네 가지 사건을 엮은 독일의 역사〉도 호평을 받았다. 이 연극의 하이라이트는 잉글랜드의 왕 리처드 1세를 붙잡아 감금하고, 몸값과 맞바꿔 귀국을 허락한다는 내용이다. 이 작품 또한 제1차 세계대전 발발 당시의 애국적인 분위기와 맞물려 크게 성공할 것처럼 보였다. 하지만 리처드 1세가 신성로마 황제 앞에 무릎을 꿇고 복종을 맹세하는 장면이 영국 정부를 과도하게 자극할 것이라 우려한 정부에 의해 6회 공연을 마지막으로 상연이 중지되었다.

과격 우익의 중심지 뮌헨에서
《거침없는 직언》을 발간하다

1918년 11월, 에크하르트는 뮌헨에서 패전을 맞이했다. 이 무렵 뮌헨에서는 아리아독일 민족 지상주의와 반유대주의를 내건 과격 우익단체인 툴레협회가 설립되었다. 이 단체는 '게르만 기사단'이라고 칭하는 몽상적인 우익단체의 바이에른 지부로, 루돌프 폰 제보텐도르프에 의해 비공식적으로 설립되었다. 훗날 나치스의 당기黨旗이자 제3제국의 국기가 된 '하켄크로이츠'와 단검을 상징으로 사용한 비밀결사 조직으로, 인종주의에 오컬트과학적으로 해명할 수 없는 신비하고 초자연적인 현상적인 교의를 더했다.

회원은 많지 않았지만, 막강한 정신적 영향력으로 수많은 우익단체의 핵심적인 존재가 되었다. 회원으로는 나치스의 초대 총재 안톤 드렉슬러와 1923년 11월 뮌헨 폭동 실패로 투옥된 히틀러의 조수이자, 히틀러의 《나의 투쟁》을 받아 적고 나치당의 총통 대리가 된 루돌프 헤스, 나치당의 법률고문으로 나중에 폴란드 총독이 된 한스 프랑크, 뮌헨 대학의 강사로 지정학地政學이란 새로운 학문을 가르쳤던 칼 하우스호퍼 등이 있었다. 그리고 1918년 11월 7일, 뮌헨에서는 아이스너와 란다우어를 중심으로 한 사회주의정권뮌헨 레테 공화국이 수립되었다.

에크하르트는 혁명에 반대하며, 이를 분쇄하기 위해 '질서와 정의를 위한 주간지'라는 명목을 내세운 《거침없는 직언》을 발간했다. 이 주간지 발간에 전력을 다한 인물이 스물다섯 살의 '고트프리트 페더독일의 경제학자이자 초기 나치당의 주요 당원으로 활동하였다'였다. 페더는 얼마 지나지 않아 극우 정당 '독일노동자당'의 간부로서 강령의 초안을 잡았고, 거기에 히틀러가 가세하면서 '국가사회주의 독일노동자당나치스'으로 발전해나갔다.

그리고 뮌헨 레테 공화국은 툴레협회가 중심이 된 '투쟁동맹'과 반공의용군프라이코어, 정규군에 의해 무너졌고, 아이스너는 사살되었다.

독일이여, 깨어나라!Deutschland erwache!

대부분의 러시아혁명 지도자가 유대인이었던 것처럼 뮌헨 레테 공화국의 중심에도 유대인이 있었다. 이를 분쇄하기 위해 에크하르트는 다음과 같은 격렬한 시를 발표했다.

> 폭풍sturm, 폭풍, 폭풍, 폭풍, 폭풍, 폭풍! 탑에서 탑으로 종을 울려라!
>
> 종을 울려 남자도 노인도 젊은이도, 자고 있는 자들을 모두 방에서 데리고 나가자.
>
> 종을 울려 처녀들을 계단에서 뛰어 내려가게 하고, 종을 울려 엄마들을 요람에서 떼어놓자. 공기를 울려 퍼지게 해서 귀청을 찢는 울림을 내야 한다.
>
> 복수復讐의 천둥소리 속에서 격렬하게, 격렬하게 날뛰어야 한다.
>
> 종을 울려 사자死者들을 무덤에서 일으켜 세우자!
>
> 독일이여 깨어나라, 깨어나라!

이 '독일이여, 깨어나라!'는 제3제국 시대 내내 곳곳에 붙여
진 나치스의 표어가 되었다. 시의 완성도는 그렇다 치고, 이 시
는 '놈유대인=공산주의자들이 나라를 빼앗으러 온다.'라는 강박관
념과도 비슷한 초조함에 사로잡혀 단숨에 휘갈겨 쓴 것이었
다. 그리고 에크하르트는 무위도식하고 있다고 밖에 생각할
수 없는 독일인을 뒤흔들기 위해 이 시를 쓴 것이다.

히틀러의 생일을 축하하며 시를 발표하다

또한 에크하르트는 히틀러를 위해 거액을 들여 매수한 나치당
의 기관지《뵐키셔 베오바흐터민족의 관찰자》의 1923년 4월 20일
호에 히틀러의 서른네 번째 생일을 축하하며, 다음과 같은 시
를 발표했다.

5년의 고난, 아직 어느 민족도 견딘 적이 없는!
5년의 진창, 산을 이룬 저속함! 섬멸돼버리고 말았다.
우리를 위해 비스마르크가 일찍이 쟁취한 고결한 정열과
순수함과 위대함은!

그럼에도 여전히-설령 메스꺼움이 목구멍을 가득 채우고 있더라도-

그럼에도 여전히 그것은, 그것은-혹 전설에 지나지 않는 것인가?-

그럼에도 여전히 그것은 독일의 나라가 아니었던가? 그 것이 이렇게 끝나는가?

우리들의 승리를 보증해 줄 힘은 이제 하나도 없는 것인 가?

마음을 열어라! 보려고 하는 자에게는 보일 것이다!

그 힘은 여기에 있다, 이것을 앞에 두면 밤도 도망갈 그 힘이!

—《허구의 나치즘 제3제국과 표현문화》, 이케다 히로시, 인문서원

히틀러에게 유대인 말살을 맡기다

이 시에는 히틀러만이 독일을 재건할 수 있다는 강력한 메시지 가 담겨 있다. 공산주의자에 의한 독일혁명이 좌절된 후, 독일 에는 무수한 우익단체들이 우후죽순처럼 생겨났다. 하지만 히 틀러가 아무리 연설에 뛰어났다고 해도 그것만으로는 나치스 가 집권당이 되기란 쉽지 않았을 것이다. 나치스가 집권당이 된 배경에는 에크하르트의 인맥과 정치적인 직관이 있었다. 게

다가 무엇보다도 독일의 불행의 원흉이자 혐오하고 경멸해야 마땅한 유대인을 말살할 수 있는 행동력 있는 인물로, 그가 히틀러에게 모든 것을 걸었기 때문이다.

1923년 8월, 독일의 인플레이션은 광적으로 비정상적인 사태에 이르렀다. 에크하르트에게 이 모든 광기는 유대인에 기인한 것이었다. 그에게 유대인은 독일을 좀 먹는 기생충이었다. 그러나 같은 해 12월 26일, 이런 분노 속에서 에크하르트는 모르핀 중독에 의한 심장발작으로 죽음을 맞이한다.

'독일이여, 깨어나라!'는 나치당원 한스 갠서에 의해 작곡되어 초기 운동을 대표하는 투쟁가로 사람들에게 널리 사랑받았다. 또한 나치스 돌격대SA의 깃발에는 이 문구가 빠짐없이 들어갔다.

개척

拓

제 4 장

일진광풍이 한창 만개한 꽃을 무자비하게 흩날려버렸다.

아름다움과 추함을 양극단에 대치시킨 이 문장에서 우리는 언어의 묘미를 엿볼 수 있다. 이렇듯 대구처럼 사용되는 단어 중에 천재와 광기라는 말이 있다. 이 말에는 평범한 사람들은 미치지도 못하는 천재들의 선구적인 능력에 대한 선망과 질투가 담겨 있다. 하지만 실제로 천재라고 불리는 사람들에게 약간의 기행은 있을지라도, 그 됨됨이는 철저하게 냉철하기 때문에 광인(狂人)이라고 하기는 어렵다. 평범한 사람의 눈에는 '보이지 않는 것이 보이는' 사람이 천재인 것이다.

이 같은 천재에는 당시의 학계 수준으로는 설명할 수 없는 영역에 발을 내딛은 갈루아와, 어두운 수도원의 허공에서 환시(幻視)를 본 수녀 힐데가르트가 있다. 그들에게서는 광기의 자기력에 이끌려 번뇌하는 천재의 귀기어린 모습을 볼 수 있다. 또한 세간의 상식이나 평가에 개의치 않고 스스로의 벽을 뛰어 넘어 미래 예술에 새로운 지평을 연 피아니스트 사티와, 자신이 처한 입장을 냉철하게 이해하며 남보다 한 발 앞서 간 천재 피에르 퀴리와 레닌이 있다. 이번 장에서는 이 다섯 천재들의 삶을 살펴보고자 한다.

숨 가쁘게 살다 간 천재 수학자

이 증명을 완성하기 위한 방법이 있다
하지만 나에게는 시간이 없다

'수학자는 이십대까지 참신한 성과를 발휘하지 못하면 쓸모없는 인생이다.'라는 말의 진의는 알 수 없다. 이십대의 젊은 나이로 수학의 방향성을 크게 바꾼 천재가 있다. 바로 갈루아다. 하지만 천재는 불행과 함께 한다고 했던가. 갈루아는 이중의 불행으로 괴로웠다. 그것은 바로 그가 제시한 이론을 당시의 수학계 수준으로는 이해할 수 없었다는 것과 그를 궁지로 몰아넣은 당시의 반동적인 정치적 상황이었다. 결투에서 허망하게 져 생을 마감한 한 천재의 인생을 되돌아보자.

시대를 초월한 천재 수학자 갈루아.
숨 가쁘게 살다 간 그가 세상에 남긴
업적은 너무도 크다.

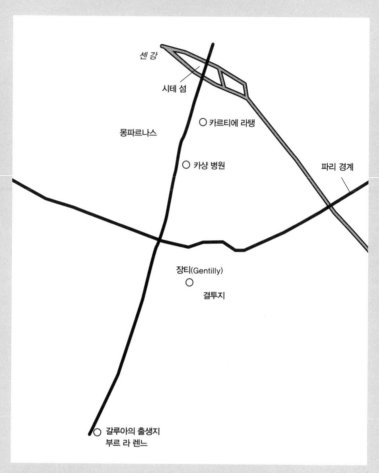

갈루아 관련 지도
19세기 전반, 파리와 그 교외

태풍의 조짐

나폴레옹이 고대하던 대망의 적자가 태어난 1811년, 같은 해 10월 25일에 파리 남부의 부르 라 렌느에서 에바리스트 갈루아가 태어났다. 갈루아는 프랑스에서는 드물게 가톨릭 교회의 영향을 받지 않는 기숙사 학교의 교장이었던 아버지 니콜라 가브리엘과 아버지보다 열 살 연하였던 어머니 아델라이드 마리 드망 사이에서 태어났다. 부모님은 모두 교양인으로 갈루아보다 두 살 연상의 누이와 두 살 연하의 동생에게 자유로운 교육을 받게 했다. 어머니 아델라이드는 바쁜 아버지를 대신해 아이들에게 라틴어나 고전을 가르쳤다.

한편 1815년, 나폴레옹이 실각하자 루이 18세의 복고왕정이 시작되었다. 따라서 프랑스 혁명으로 달성한 자유주의적인 모든 성과는 계속해서 철폐되었고, 반동의 폭풍이 휘몰아치게 되었다. 게다가 루이 18세는 자신의 취약한 사상 덕분에 항상 측근들에게 휘둘렸다. 프랑스 혁명 중에 몇 번이나 반혁명을 시험하던 과격 왕당파의 중심인 동생 아르투아 백작에게 거의 모든 실권을 빼앗기고 말았다. 이런 반동적인 분위기는 당연히 교육행정에도 반영되었다. 대학이나 고등교육기관그랑제콜에서는 공화주의자나 반교권주의자를 추방했다. 나폴레옹 시대의 자유롭고 진지한 분위기가 사라지고, 학문 전체가 가톨릭 교회의 영향에 놓여 침체되어 갔다.

열한 살에 파리의 명문
리세에 입학하다

이런 상황 속에서 열한 살이 된 갈루아는 파리의 명문교 리세 루이르그랑에 입학했다. 기숙사 제도를 실시하고 있던 이 명문 학교는 갈루아가 입학한 1823년, 학생들의 불만이 극에 달해 있었다.

현 체제를 비판한 교사들은 학교에서 쫓겨나고, 남은 교사들은 승진과 맞바꾸어 학생들을 엄격하게 관리했기 때문이었다. 그 선두에 있던 사람으로는 체제에 순종한 사람에게 주어지는 장학금을 받으며 그 우수함을 인정받은 학생감과 기숙사를 관리하는 사감이었다. 그들은 학생들의 움직임을 매일 감시하고, 당국에 보고하는 비밀경찰과 같은 역할을 담당하고 있었다.

한편 이 학교에서는 매년 프랑크 국왕인 샤를마뉴 대제의 기일이 되면 성적우수자 75명을 초대하여 만찬회를 열었다. 갈루아가 입학한 직후인 1824년 1월 28일에는 리세의 만찬회에 초대받은 학생들이 국왕에게 충성을 맹세하는 건배 제의를 따르지 않았다는 이유로 퇴학처분을 받았다. 이 사건은 갈루아에게 적잖은 영향을 주었을 것이다. 그리고 아르투아 백작이 샤를 10세에 즉위하자 반동적인 풍조는 점점 더 극에 달했다.

유급을 계기로 수학과 만나다

입학한 다음 해에 라틴어나 그리스어로 우등상을 받은 갈루아는 급속히 학업에 대한 열정을 잃어버려 유급을 하게 되었다. 동경의 대상이었던 루이르그랑은 침체되어 있었고, 그의 흥미를 끌 수 있는 수업 또한 자취를 감추었기 때문이었다.

그러나 결과적으로 이 유급은 갈루아를 수학과 만나게 해주었다. 당시 수학은 학생들 사이에서 인기 있는 과목이 아니었다. 학교에서도 필수 과목으로 채택하지 않을 정도로 중요하게 여기지 않았다.

갈루아가 처음으로 수학 수업에 참가했을 때, 교실에서는 르장드르의 '기하학 원론'을 공부하고 있었다. 그는 처음으로 읽은 수학 교과서를 이틀 만에 전부 완독했다고 한다. 젊은 수학교사였던 베르니에도 그에게 주목했지만, 안타깝게도 갈루아의 범상치 않은 재능을 꿰뚫어보지는 못했다.

기하학 다음으로 갈루아는 라그랑주의 《임의차수의 수가방정식 해법》에 흥미를 가졌다. 이 책을 읽으면서 갈루아는 대수학이 기하학과 비교하면 아직 완성되지 않은 학문이라는 것을 느꼈다. 한편 그의 공격성은 하루가 다르게 과격해져 갔다. 교사들에게 갈루아는 불량소년 그 이상도 이하도 아니었다.

신입교사가 갈루아의
재능을 알아보다

하지만 갈루아는 곧 수학특진반으로 월반했다. 하지만 1828년 은 갈루아에게 결정적인 한 해가 되었다. 첫 번째는 프랑스의 명문 공과대학인 에콜 폴리테크니크의 입학시험이었다. 이 학교는 리세보다 우수한 교수진들이 있었기 때문에 갈루아의 수학적 관심을 충족시켜 줄 수 있는 곳이라고 생각했다. 하지만 입학은 실현되지 않았다. 좋아하는 분야에서는 누구에게도 뒤지지 않았지만, 수학 전반에 관한 지식이 부족했던 것이 실패의 원인이었다.

두 번째는 수학 신임교수 리샤르와의 만남이었다. 리샤르는 열일곱 살이 된 갈루아의 탐구심에 불을 붙여주었다.

저는 대수방정식을 연구하고 있습니다. 1년 전에는 5차방 정식을 3차나 4차 방정식과 다름없이 거듭제곱근으로 풀 수 있다고 생각했습니다. 하지만 지금은 5차 일반 방정식 은 거듭제곱근으로 풀 수 없다고 5차 이상의 일반 방정식을 대수 적인 방식으로는 풀 수 없다고 믿고 있습니다.

리샤르는 놀란 눈으로 이 젊은이를 바라보며, "자네가 만약 이 문제를 풀면 현대 최고의 수학자가 될 수 있네."라고 답했다. 이 말에 힘을 얻은 갈루아는 1829년 5월, 권위 있는 수학 전문잡지에 〈순환연분수에 관한 정리 증명〉이란 그의 첫 번째 논문을 발표했다.

당시 리샤르는 갈루아가 대수학의 가장 중요한 문제를 풀고, 그의 훌륭한 해법이 대수학에 새로운 지평을 열 것이라고 확신했다. 그래서 당시 프랑스의 최고 수학자였던 코시에게 그의 논문을 맡기고, 학사원에 제출해 줄 것을 부탁했다.

거듭되는 불행이
갈루아를 덮치다

코시는 갈루아의 논문을 읽고 그 논문의 중요성과 우수한 독창성에 주목했다. 1830년 1월 18일, 코시는 학사원의 모임에서 갈루아의 논문을 소개하려고 했다. 하지만 갈루아는 건방진 태도를 보이며 이 모임에 불참했고, '소년 갈루아의 업무 보고'라는 문구를 넣은 거절 편지를 학사원 총재 앞으로 보냈다.

지금까지 코시에 대한 일반적인 평가는, 자신의 직업에는 철두철미하나 타인에게는 무관심하고 자부심이 강한 사람이란 것이 대부분이었다. 자신이 교수로 있는 이공과 학교의 학생도 아닌 무명의 청년이 쓴 논문 따위는 제대로 읽어 보지 않았을 것이라는 견해가 주를 이루었다. 하지만 가토 후미하루의 유명한 평전《갈루아 천재수학자의 생애》에서 '코시는 갈루아의 논문을 신중하게 읽고, 그 내용을 충분히 이해했다. 거기에서 더 나아가 아카데미 대상에 응모하려고 했던 것도 거의 확실하다.'라고 하여, 종래의 많은 코시에 관한 평가를 정정했다.

하지만 코시의 노력도 1830년 7월 혁명의 발발로 모두 물거품이 되었다. 왕당파였던 코시는 실각 이후 망명을 선택할 수밖에 없었기 때문이었다. 갈루아에게는 불행한 일이었다. 혁명의 난리 속에서 갈루아의 첫 번째 논문은 그렇게 흔적도 없이 사라지고 말았다.

그러나 불행은 이뿐만이 아니었다. 1829년 7월 2일, 자유주의자이자 반교권주의자였던 갈루아의 아버지 니콜라가 자살을 한 것이었다. 당시 교회는 부르 라 렌느의 촌장이었던 아버지와 가족들을 헐뜯으며 모욕했다. 결국 그는 이를 견디지 못하여 정신이 병들어 버리고 만 것이었다. 하지만 불행은 계속해서 그를 덮쳤다. 아버지의 자살 이후, 그 충격에서 헤어나오지 못했던 갈루아는 같은 해 8월 이공과 학교의 입학시험에 다시 한 번 도전했지만, 구술시험을 담당했던 시험관 디네의 우문愚問을 참지 못하고 그와 말싸움을 했다. 당연히 결과는 불합격이었다. 그런데 이공과 학교의 입학시험은 단 두 번 밖에 주어지지 않았다. 갈루아의 희망이 사라지는 순간이었다.

새로운 수학의 탐구와
정치 활동으로 나뉜 하루

1829년 10월, 갈루아는 고등사범학교에콜 노르마르인 교사 예비학교에 입학했다. 12월에는 대학입학자격시험바칼로레아에도 합격했다. 하지만 당시의 정치 상황은 긴박했다. 샤를 10세에 대한 원망과 한탄의 목소리는 높아져 가고 있었다. 그럼에도 불구하고 갈루아는 교사 예비학교에서 공화주의자이자 생시몽주의자인 아우구스트 슈발리에와 만나, 자살한 아버지의 한을 풀어 주듯이 빠르게 공화주의로 빠져 들어갔다.

드디어 파리는 7월 혁명의 날을 맞이했다. 눈과 귀를 막고 있던 소심한 기회주의자이자 교사 예비학교의 교장이었던 기뇨는 학생들의 외출을 금지했다. 반면 이공과 학교의 학생들은 들라크루아의 '민중을 이끄는 자유의 여신'에서처럼 솔선하여 봉기에 참가했다. 갈루아의 짜증은 점점 심해졌다. 급진적 공화주의자가 된 갈루아는 정치결사 '인민의 동지'의 일원이 되었다. 교장은 학교신문에 자신을 야유한 반항적인 갈루아를 위험하다고 여겨 1831년 1월 3일 그에게 퇴학 처분을 통보했다.

한편 갈루아의 천재적인 탐구활동도 절정을 맞이했다. 생계를 위하여 그는 1월부터 매주 목요일 카르티에 라탱의 한 서점에서 자신의 이론을 더한 대수학 강좌를 시작했다. 하지만

짧게 생을 마감한 갈루아의 묘비

천재 수학자 갈루아, 시대를 앞서간 그의 연구는 그가
죽은 뒤 14년이 지난 뒤에야 비로소 세상에서 인정받을 수
있었다.

수강생들은 그의 난해한 강좌를 따라가지 못했다.

1830년 2월, 〈방정식의 거듭제곱근을 이용한 해법의 여러 가지 조건에 대하여이른바 갈루아 이론〉를 학사원의 수학논문 대상에 응모했다. 논문 분실에 책임을 느낀 코시의 추천으로 갈루아의 첫 번째 논문을 수정한 것이었다.

이번 논문을 심사한 사람은 물리 종신간사로 근무하던 푸리에였다. 하지만 또 다른 불행이 갈루아를 위협했다. 5월 16일, 푸리에가 급사한 것이다.

죽음의 신이 다가오던 푸리에가 갈루아의 논문을 제대로 심사할 리 만무했다. 갈루아는 자신이 대상을 탈 수 없게 하는 어떤 커다란 음모가 도사리고 있는 것은 아닌지 의심하고 있었을 지도 모른다. 논문 자체가 또다시 사라졌으니 말이다.

그의 재능이 비극을 만들다

이듬해 1831년 1월 16일, 〈거듭제곱근을 이용한 방정식의 가해성 조건에 대하여〉를 학사원에 제출했다. 이것으로 총 세 번에 걸쳐 학사원에 논문을 제출한 것이다. 갈루아에게 논문 제출을 추천한 것은 얄궂게도 시몽 데니스 푸아송이었다. 그는 갈루아의 퇴학 처분을 결정한 회의에도 참석했던 학사원의 수학의원이었다.

푸아송은 수학자로서 갈루아의 출중한 재능에 주목했다. 하지만 결과는 "그의 논법은 충분히 명쾌하다고 할 수 없다. 또한 충분히 발전된 것이라고도 할 수 없다. 그렇기 때문에 그 정확성을 판정할 수 없다. 이 보고에서 어떤 견해도 말할 수 없다." 라는 것뿐이었다. 푸아송은 무능력한 수학자가 아니었다. 다만 갈루아의 이론이 당시 대수학의 범주에서는 설명할 수 없는 지점에 올라서 있었던 것 뿐이었다. 가토 후미하루는 그의 책에서 이렇게 비유했다.

갈루아는 대수방정식론을 통하여 전혀 다른 새로운 음악을 만들었다. 그 음악이 단순히 참신한 멜로디나 화음으로 가득한 것이었다면 르장드르의 책처럼 고전적인 형식으로 정리하여 하나의 악곡으로 완성할 수 있었을 것이다. 하지만 갈루아의 음악은 그 어떤 형식으로도 적절하게 표현할 수 없는 종류의 것이었다. 그럼에도 불구하고, 갈루아는 그 악보를 평범한 소나타 형식으로 써야만 했다. 그러면 당연히 곡으로써의 일관성은 점점 망가져 멜로디나 화성의 괴상함만이 눈에 띄게 된다. 갈루아의 논문이 갖고 있던 근본적인 문제점을 알기 쉽게 말한다면 이런 느낌일 것이다.

즉, 현대에서는 군群론이나 집합론을 사용하여 설명할 수 있지만, 당시 수학은 그 수준까지 도달해 있지 않았다. 여기에서 갈루아의 선구성과 비극이 생겨났다.

'루이 필리프에게 건배'를 외치다가 체포되다

7월 혁명의 결과, 오를레앙 가문의 루이 필리프가 새로운 국왕이 되었다. 하지만 자칭 '프랑스 국민의 왕'이라는 타이틀과는 다르게 사태는 혁명 전과 조금도 달라지지 않았다.

민중은 보통 선거권을 요구하였지만, 선거권은 극히 제한적으로 상층 부르주아에게만 주어졌다. 국왕은 어느덧 '주식회사의 왕'으로 희화화되었다. 배신당한 공화파는 4월에 데모를 강행하려고 했지만 체포되고 말았다.

5월 2일, 그들은 운 좋게 무죄판결을 받으며 승소했다. 하지만 사건은 그날 밤 축하 연회에서 일어났다. 참석자들은 무죄를 기뻐하며 그들의 용기를 칭송하면서 공화주의 만세를 외쳤다. 하지만 술에 조금씩 취하면서 사태는 험악해졌다. 갈루아는 왼손으로 술잔을 들고 가슴 높이 들어 올렸다. 그리고 오른손에 들고 있던 단검 끝을 와인 잔의 윗면으로 가져가 '루이 필리프를 위하여 건배'를 외쳤다. 회장은 쥐 죽은 듯이 조용해

졌다. '위험하다. 틀림없이 첩자가 보고할 것이다.'

예상했던 대로 갈루아는 체포되었지만, 변호사의 분투로 무죄를 선고받았다. 그리고 그 뒤 혁명 기념일인 7월 14일, 인민의 동지 회원들과 함께 파리 시내에서 데모를 했다. 갈루아는 프랑스 혁명 중 공화주의를 지키기 위해 결성되었지만 당시에는 해산한 국민군의 제복을 입고 예例의 단검도 가지고 있었다. 이미 전적이 있던 그는 퐁 네프 다리에서 체포되어, 6개월의 금고형을 선고받았다.

갈루아가 수감된 시기에 파리에서는 콜레라가 유행하고 있었다. 그는 감옥의 비위생적인 환경에서 콜레라에 감염되었다. 1832년 3월 16일, 포트리에 요양소로 옮겨진 갈루아는 그곳에서 의사 포트랭 뒤 모텔의 딸 스테파니를 만났다. 그는 스테파니에게 일방적으로 사랑을 고백했지만 거절당했다. 자포자기한 갈루아는 같은 공화주의자인 동료를 모욕하고 결투를 신청했다. 하지만 결투를 신청한 사정에 대해서는 알려진 것이 없다.

결투 전날인 5월 29일 밤부터 30일 새벽까지, 갈루아는 학사원에서 반환된 1831년 논문을 수정했다. 두 번째 명제의 증명 부분에는 '이 증명을 완성할 수 있는 방법이 있다. 하지만 나에게는 시간이 없다.'라고 흘겨 적은 글귀도 있었다. 무언가에 홀린 듯이 갈루아는 자신의 이론을 급하게 써 내려갔다.

30일 새벽, 하늘이 밝아올 무렵 그가 태어난 고향과 가까운 장티의 어느 늪 부근에서 결투가 시작되었다. 권총이 발사되는 소리와 함께 갈루아는 순식간에 쓰러졌고, 부상을 입은 채 그 자리에 방치되었다. 9시경 근처를 지나가던 농부가 쓰러져 있던 그를 발견하여 카샹 병원으로 옮겼다. 동생 알프레드가 병원에 도착했을 때, 갈루아의 맥박은 거의 잡히지 않을 만큼 약해져 있었다.

"울지 마, 알프레드. 스무 살에 죽으려면 대단한 용기가 필요하단다."

5월 31일 오전 10시경, 불세출의 천재는 절명했다. 요절한 천재 갈루아는 살아생전 누구에게도 이해받지 못했지만, 그가 고안한 '군#'이라는 개념은 현대수학과 현대물리학에서는 불가결한 개념으로 마땅히 있어야할 자신의 자리를 얻었다.

환시로 천국을 본 수녀

나는 어느 천국의 모습을 보았다

움베르토 에코가 《장미의 이름》에서 훌륭하게 그려낸 중세 수도원이라는 세계는 현대 문명을 살고 있는 우리들에게 무언가 신비하고 불가사의한 분위기를 떠올리게 한다. 더욱이 여성 수도원이라고 하면 그 신비감은 한층 두터워진다. 금남의 세계에 에로틱한 망상을 그리는 나의 사념 때문인지도 모르겠다. 하지만 힐데가르트의 환시를 공유했을 때, 그런 망상은 사라졌다. 그 속에서 중세 그 자체의 원풍경이자, 현대인이 범접할 수 없는 거룩한 성성(聖性)을 느꼈기 때문이다.

힐데가르트의 첫 책 《쉬비아스》의
첫 번째 그림, 힐데가르트는 수도원
안에서 천상의 비전을 보았다.

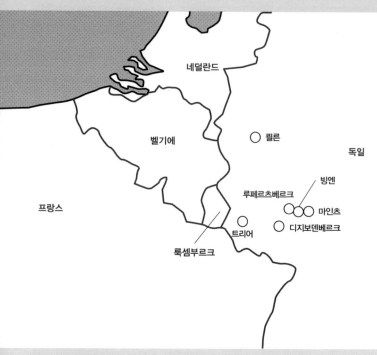

힐데가르트 관련 지도
12세기, 독일 서남부

힐데가르트의 불가사의한 세계

기괴한 그림이다. 금박을 입힌 종이를 배경으로 커다란 돌문, 혹은 좌우대칭의 교회처럼 보이는 건물이 그려져 있다. 그림 중앙에는 수녀로 보이는 연령 미상의 여인이 붉은 색으로 가장자리를 채색한 판 혹은 양피지에 무언가를 적고 있다.

이 그림에서 무엇보다 소름이 돋는 곳은 아치 위쪽에서부터 다섯 개의 동맥 같은 것이 수녀의 머리 위에 붙어 있는 장면이다. 얼핏 보면 그녀의 피를 빨아들이는 것처럼 보인다. 마치 변압기에 연결된 다섯 개의 케이블 같기도 하고, 머리에서부터 시작되는 불꽃같기도 하다. 싸한 긴장감으로 가득 찬 그림이다. 더욱이 오른쪽의 탑에서 초로初老의 수도사는 여인이 적어 내려가고 있는 글을 조용히 지켜보고 있다. 대체 이 그림은 무엇일까.

중세 유럽 최고의 현자인 그녀는 무엇을 보았을까

《쉬비아스Sci Vias, 길의 조명》라는 제목의 그림 모음집 첫 부분에 있는 이 그림은 '환시를 보는 여자'다. 그리고 이 그림의 주인공인 환시를 보는 여자가 바로 중세 유럽의 최고 성녀였던 힐데가르트 폰 빙엔1098~1178이다. 그녀는 이렇게 말했다고 한다.

나는 43년째를 맞는 해에 어느 천상의 비전을 보았다. 몸이 떨리면서 거대한 두려움이 함께 느껴졌고, 정신은 한층 더 예민해졌다. 하나의 거대한 빛에서 천상의 목소리가 울려 퍼졌다.

연약한 인간이여, 재 속의 재, 곰팡이 속의 곰팡이여. 그대가 보는 것과 듣는 것을 말하고 써라! 허나 눈으로 본 것을 말하면서 (성서) 해석의 소양도 없이 무학無學으로 말하는 것을 부끄럽게 여겨라. 인간의 말하는 방식에 따르지 아니하며, 인간의 행위 인식이나 해석에도 따르지 아니하라. 그대에게 내려 준 재능으로 천상의 비전을 쓰고 말하도록 하여라.

　　　　　　—《빙엔의 힐데가르트의 세계》, 다네무라 스에히로, 세이도샤

이러한 겸손한 표현이 힐데가르트의 비전을 한층 더 성스럽게 만든다.

수도원이 헤아릴 수 없는 우주를 품다

힐데가르트는 1098년 봄, 유복한 베르메스하임의 영주인 아버지 힐데베르트와 어머니 맥틸드 사이에서 열 명의 형제들 중

막내로 태어났다. 어렸을 때부터 병약했던 그녀는 그녀의 부모에 의해 당시에는 종합병원이라고 여겨지던 수도원으로 보내졌다. 그리고 당시 그녀의 나이는 겨우 여덟 살이었다.

라인 강 중류에 위치한 대주교좌 도시 마인츠에서 남서쪽으로 30킬로미터 정도 떨어진 곳에 있는 디지보덴베르크 수도원이 그곳이었다. 그 후 얼마 지나지 않아, 베네딕트 수도회의 서원이 만들어지고, 밤베르크의 오토 주교가 힐데가르트의 베일을 내려 주어 어엿한 수녀가 되었다. 그리고 1136년에 힐데가르트는 사실상 수녀원장으로 선출되었다. 이때부터 힐데가르트에게 신비한 체험이 찾아왔다. 신의 목소리를 들을 수 있게 된 것이다. 1141년부터 '쉬비아스' 환시가 시작되었다. 《쉬비아스》 1부 1장 '빛나는 것'의 환시 내용은 이렇다.

나는 보았다. ―무언가 커다랗고 검푸른 산과 같은 것을 보았다. 그 위에서 눈이 멀 정도로 부신 서광의 빛이 군림하고 있었다. 이 군림자의 양 어깨에는 거무스름한 그림자로 보이는 폭도 높이도 경이로운 날개와 같은 것이 돋아 있었다. 군림자의 앞, 산기슭에는 전신이 눈알로 가득한 사람이 서 있었다.― 그것은 너무나도 엄청난 수의 눈알로 덮여 있어 사람이라고 보기 힘들 정도였다, 그 사람 앞에는 아이로 보이는 또 다른 사람이 있었다. 그 사람은 빛바랜 옷을 입고 흰 신발을 신고 있었다. 산 위에 계신 분에게서 다시 엄청난 불꽃이 터졌다. 그 불꽃은 두 사람의 형상 주위를 온화한 열기를 띠며 맴돌았다. 산에는 작은 창문들이 굉장히 많았고, 창문 안에는 창백한 혹은 새하얀 인간의 목들이 널려 있었다.전게서

힐데가르트는 보통 사람들은 상상도 할 수 없는 세계를 보았다. 그 세계는 아메바나 미생물처럼 모습을 계속 바꾸면서 환시력幻視力을 높여 갔다. 하지만 기괴함으로 '요한 묵시록'과 비교하려고 하는 것은 아니다.

너무나도 악마적인 환상에
두려움을 느끼다

천상의 목소리를 처음 들었을 때, 힐데가르트는 놀라움과 두려움으로 몸이 굳었다. 그리고 얼마 되지 않아 몸져누웠다. 하지만 그녀의 조수였던 리하르디스와 그녀의 스승이라고도 할 수 있는 폴마르 수도사는 오히려 신의 목소리를 따라 환시를 기록해야 한다고 격려했다. 하지만 수도원장 쿠노는 환시를 기록한 그림과 글을 보고 기겁했다. 환시의 내용이 너무나도 악마적인 이단의 모습으로 가득했기 때문이다. 혹시라도 힐데가르트가

이단이라고 판명되면 수도원의 존속도 위험해졌다. 십자군의 열기로 흥분해 있던 당시 상황에서 원장의 초조함은 단순한 기우를 넘어선 것이었다. 힐데가르트 자신도 스스로의 결백을 증명할 방법을 모색하고 있었다.

힐데가르트와 수도원장을 공포로 떨게 한 이단이란 무엇일까. 일반적인 정의라고 할 수는 없지만, 주요한 복음 계시에서 말하는 구원의 기본교리에서 벗어나 성서의 주관적 해석에 따라 사도의 말에 복종하지 않고, 교회의 통일을 해하는 행위를 한 자나 집단을 말한다.

이단의 정의가 확립된 것은 451년 칼케돈에서 개최된 제4차 공의회에서였다. 당시는 정통 신앙의 교의도 아직 유동적이었기 때문에, 이단의 해석 또한 유동적이었다. 하지만 이단으로 판명되면 개인의 경우는 최고 사형대부분은 화형이었고, 교회나 수도원의 경우는 폐지나 성무 금지교회의 일상 업무 금지 등 처벌이 엄중했다. 또한 힐데가르트가 환시를 보던 12세기는 프랑스의 카타리파12, 13세기에 유럽에서 위세를 떨친 그리스도교 이단의 일파나 그 분파인 알비주아파 등이 활발하게 활동하던 시기였다. 이단 적발을 위한 고문과 함께 이단 심문도 시작되었기 때문에 이단의 공포는 예사로운 것이 아니었다.

■ 힐데가르트의 신학서인 《세계와 인간》에 수록된 신과 인간, 우주의
" 관계에 대한 그림
중세 사회에서 여성의 지위란 밑바닥 그 자체였다.
여성이자 수녀로서 다양한 분야에서 두각을 나타낸 그녀는
신의 계시를 더 많은 이들이 알 수 있도록 그림으로 표현했다.

교황이 직접 환시력을 축복하다

1146년 말, 힐데가르트는 클레르보 수도원의 베르나르에게 서간을 보낼 결심을 했다.

> 경애하는 아버지 베르나르님. (…) 제가 물음을 전하오니, 부디 들어주시옵소서. 저의 마음에 성사(聖事)로 나타난 환시 때문에 고뇌하고 있습니다. 저는 환시를 결코 육체의 눈으로 보지 않았습니다. 불쌍한 여인의 몸으로 가여운 존재인 저는 일찍이 어렸을 때부터 여러 가지 위대한 기적을 보았습니다. 하지만 신의 마음을 믿으라고 가르침을 주지 않으신다면, 저의 혀는 결코 그것을 입 밖으로 내지 않을 것입니다. 인자하신 신부님, (…) 당신에게 어울리지 않는 하녀와 다름없는 저에게, 살아오면서 한시도 평온한 적이 없었던 저에게 답을 내려주시옵소서.

아름다운 문체들 때문에 '감밀甘蜜 박사'라고 칭송받던 희대의 석학 베르나르는 "그대가 이것을 은총이라고 여기며, 겸손하게 헌신적인 사랑의 힘을 담아 응하시려고 하듯이 주의를 주신다면, 간청 드립니다. 그대도 알고 계시듯 '신은 교만한 자를 막고, 겸손한 자에게 은혜를 내려 주십니다.' (야고보서 4장) 그렇다고 하나, 이미 마음속에 가르침이 현존하여, 그것이 모든 일에 기름을 바르라고 명한다면, 더 이상의 가르침이 필요할까요."(전게서) 라고 호의적인 답을 보내왔다.

더욱이 모든 그리스도교주의 중심에 선 교황 에우제니오 3세 자신도 1147년부터 다음 해에 걸쳐 대주교좌가 있는 트리어에서 개최된 공의회에 참석하고, 디지보덴베르크 수도원으로 조사단을 파견했다. 그리고 공의회 석상에서 직접《쉬비아스》를 낭독했다. 뿐만 아니라 교황은 힐데가르트의 환시력을 축복하며, 앞으로 저작활동을 계속할 것을 당부했다.

이단 선고를 받는 것은 아닌지 한때는 죽음을 각오하게 만들었던《쉬비아스》라는 희대의 기이한 책은 이렇게 세상에 남게 되었다.

백과사전적 위업을 남긴 힐데가르트

그뿐만이 아니었다. 힐데가르트는 스스로를 무지하고 하찮다고 말했지만, 자연과학 분야에서《자연학》이나《병인病因과 치료》,《돌의 책》,《물고기의 책》과 같은 저작을 남겼다. 오랜 수도원 생활은 그녀에게 충분히 관찰하고 집중할 수 있는 시간을 허락하였다. 또한 많은 동식물을 기르면서 경험으로 축적된 만물학적 지식을 얻을 수 있게 해주었다. 최근에 주목을 받은 도

덕극 〈여러 가지 덕목의 질서〉와 같은 많은 종교곡도 힐데가르트가 남긴 작품들 중 하나다.

힐데가르트는 그녀의 별칭이 유래된 라인 강과 나에 강 사이에 끼인 강기슭에서 빙엔이 내려다보이는 곳에 위치한 루페르츠베르크에 여자 수도원을 세웠다. 1163년, 신성로마 황제 프리드리히 1세붉은 수염왕는 힐데가르트를 수도원장으로 임명하며 보호를 약속했다. 이 여자 수도원의 수녀들은 80여 곡에 가까운 성가를 노래하고, 산속 깊은 곳에 자리 잡은 수도원에서 천국의 환시를 공유하기도 했다.

병약했던 그녀를 신에게 바친 부모는 상상하지 못할 정도로 힐데가르트는 이 여자 수도원에서 당시로써는 드물게 여든한 살까지 장수했다.

변두리의
왈츠

나는 참으로 노쇠한 시대에,
참으로 젊게 태어났다

굳이 사티가 아니더라도 프랑스에는 훌륭한 작곡가가 넘쳐나지 않는

가. 드뷔시나 라벨은 특별 취급하더라도, 사티의 신봉자였던 풀랑크

의 음악 쪽이 더 뛰어나다고 생각하는 사람이 많을 것이다. 이제 와

서 사티를 추켜세우는 것은 아부일지도 모른다. 하지만 20세기 초

파리에서 여자에게 둘러싸여 있던 부르주아나 지식인들에게 카바레

나 연예장의 뛰어난 음악성을 보여주었고, 그 음악을 즐기는 모습을

가장 가까운 곳에서 본 작곡가는 사티뿐이었다. 게다가 예술성도 잃

지 않고 말이다.

경쾌하고 묘한 변두리 음악을
예술로까지 끌어올린 사티의 작업은
벨 에포크(프랑스어로 '좋은 시대'라는
뜻으로, 평화와 풍요를 누린 19세기
후반에서 20세기 초의 프랑스 사회를
가리킨다) 그 자체다.

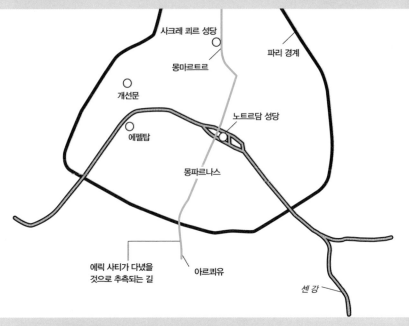

사크레 쾨르 성당

파리 경계

몽마르트르

개선문

노트르담 성당

에펠탑

몽파르나스

에릭 사티가 다녔을
것으로 추측되는 길

아르쾨유

센 강

사티 관련 지도
19세기 후반~20세기 초, 파리

전 세계에서 사랑받는
〈Je te veux난 당신을 원해요〉

휴대전화의 대기음이 되고 나서부터 잊힌 줄로만 알았던 경쾌한 왈츠는 되살아났다. 지금은 거리나 텔레비전 광고에서 하루에 한번은 듣게 되었다.

이 왈츠의 작곡가는 에릭 사티1866~1925다. 이 곡을 작곡한 1900년 당시에 그는 몽마르트르에 있는 카페 콘세르음악주점에서 피아니스트로 일하며 빈곤한 나날을 보내고 있었다. 하지만 이곳에서 그는 '슬로우 왈츠의 여왕' 폴레트 다르티, 풍자작가인 쥘 데파키에, 인기 가수였던 뱅상 이스파와 같은 인생의 동반자를 만났다. 그리고 폴레트를 위해 쓴 곡이 바로 이 왈츠로, 작사를 한 앙리 파코리의 반쪽과 같은 존재였던 아내가 코르셋 가게의 주인이었다고 하니, 이 시대 파리 외곽의 분위기가 잘 전해져 온다. 이것이 이 곡이 사랑스러운 이유다.

명문 파리국립음악원을 그만두고,
카바레의 피아니스트로

사티는 열세 살 때 피아노 교사였던 아버지의 재혼 상대에게 본격적으로 피아노 레슨을 받았다. 그 덕분에 명문 파리국립음악원에 어려움 없이 입학했다. 하지만 재능 있는 대부분의 작곡가들에게 규칙뿐인 고전이론을 철저히 가르치는 음악원의 수업은 지루할 뿐이었다. 사티에게도 '지방의 감옥 안을 떠올리게 하는 분위기'였다고 한다.

스무 살이 되기 전까지 음악원을 다녔지만, 결국 학업을 포기하고 육군에 입대했다. 하지만 음악원의 수업도 감옥으로 느꼈던 사티가 병영생활에 잘 적응할 리 없었다. 그는 추운 겨울밤 알몸으로 연병장에 나와 일부러 기관지염에 걸려 입원하게 되면서, 성공적으로 군대 생활과 작별했다. 그 후 예술가가 모이는 몽마르트르의 카바레 '검은 고양이'에 다니는 사이 보조 피아니스트 자리를 얻게 되었다.

프랑스의 카바레는 우리가 아는 카바레와는 많이 다르다. 가게는 손님에게 술이나 간단한 식사를 제공하고, 예술가는 풍자가 섞인 콩트나 노래를 공개하거나, 시인이 자작시를 낭독하는 예술적인 공간이었다. 더군다나 여성이 농후한 서비스를 제공하는 곳은 더더욱 아니기 때문에, 문학주점 등과 같이 조금 딱딱한 단어로 번역되는 경우도 있다.

예술가들에게 카바레는 자신의 작품을 발표하는 소중한 장소였다. 특히 '검은 고양이'는 몽마르트르에서 전통 있는 곳으로, 아무나 무대에 설 수 있는 곳이 아니었다. 단골손님의 수준이 높았기 때문에 보조 피아니스트라고 해도 즉흥연주와 같은 수준 높은 실력을 가지고 있어야 했다.

스물두 살이 된 사티는 아버지로부터 거금을 받아 몽마르트르에서 독립생활을 시작했다. 하지만 다른 젊은 예술가들과 다를 바 없이 아버지에게서 받은 거금을 모두 탕진했다. 그는 할 수 없이 자신이 '벽장'이라고 불렀던 업라이트 피아노 한 대조차 둘 곳이 없는 작은 방을 빌렸다. 하지만 사티는 그 '벽장'으로 최초의 걸작을 탄생시켰다.

첫 번째 걸작이 바로 〈세 개의 짐노페디〉였다. 스파르타의 '벌거벗은 아이들의 춤짐노페디, 고대 스파르타의 연중행사 가운데 나체의 젊은이들이 합창과 군무로 신을 찬양하는 'Gymnopaedia'에서 유래'에서 소재를 딴 이 피아노곡은 최소의 음표를 사용하여 같은 음형音形을 반복하는 반주부와 단선율로 쓴 평온한 곡이다. 당시에도 잊고 있던 교회선법중세 교회음악의 음계을 사용했기 때문에, 귀에 익진 않지만 고풍스러운 울림으로 우리들의 마음을 치유해준다.

드뷔시와의 운명적인 만남

사티는 스물다섯에 '검은 고양이'를 그만두고, '선술집 클루'라는 카바레에서 전속 피아니스트로 일하게 되었다. 이곳에서 사티는 네 살 연상의 클로드 드뷔시와 운명적으로 만났다. 드뷔시가 근대 프랑스 음악, 아니 근현대 유럽 음악에 커다란 영향을 준 작곡가라는 것은 말할 필요도 없다.

거인 바그너가 독일 음악을 석권하려고 했던 19세기 후반의 음악계에 홀연히 등장한 드뷔시는 프랑스 음악의 방향성을 제시했다. 그의 존재는 20세기 초의 다른 작곡가들에게 독일 음악과는 전혀 다른 음악 세계의 존재를 분명하게 보여주었다. 이 총아龍兒 드뷔시가 무명이었던 사티의 미래를 지지해 주었다.

드뷔시와 사티에게는 이런 일화가 있다. 어느 날, 드뷔시가 "자네는 폼형식의 감각을 가져야 해."라고 말하자, 사티는 〈배梨 모양을 한 세 개의 피아노곡〉1905년을 작곡했다. 프랑스어 배 poire라는 단어에는 '바보', '얼간이'라는 의미도 있다고 한다. 이와 더불어 그의 곡에는 유독 별난 제목들이 많은데, 〈바싹 마른 태아〉, 〈끝에서 두 번째의 사상思想〉, 〈여러 가지 의미에서 만들어진 몇 개의 장〉 등이 그렇다.

드뷔시도 낡은 권위에 반항하여 고전이론에서는 금지된 수를 태연하게 무시하며 음악의 새로운 지평을 열었다. 그 때문에 드뷔시의 새로운 울림은 당시의 음악계에서는 이단으로 보였다. 그런 드뷔시도 사티의 음악에는 쓴소리를 한 것이다.

사랑 많은 여자와의
생애 단 한 번의 사랑

"은총의 해인 1893년 1월 14일은 토요일이었다. 그날부터 수

마이너리티 세계사

개척

잔 발라동과 연인 관계가 시작되어, 같은 해 6월 20일 화요일에 끝이 났다. 1893년 1월 16일 월요일, 수잔 발라동이 처음으로 이곳을 방문했다. 그리고 마지막 방문은 같은 해 7월 17일 토요일이었다."

검은색과 푸른색 잉크로 직접 쓴 포스터 같은 종이를 이사한 방의 벽에 붙여 놓았다. 이 포스터 위쪽에는 그녀의 것으로 보이는 몇 가닥의 머리카락이 핀으로 고정되어 있었다. 게다가 빗물인지 눈물인지 모를 것에 잉크가 번져 있었다.

프랑스의 여류화가이자 당대 수많은 화가들의 모델이기도 했던 수잔 발라동1865~1938은 사랑이 많아 죄도 많은 여자였다. 공중그네를 탄 경험이 있는 수잔은 매끈한 체형의 미녀로, 적갈색의 머리카락이 매력적이었다고 한다. 수잔은 자신의 누드 사진을 명함처럼 남자들에게 나누어 주었다고 한다. 이런 일화도 있는 걸 보면, 보통내기는 아니었을 것이다. 아마도 수많은 남자들이 그녀의 바람기에 울고 웃지 않았을까.

그녀의 누드 사진은 확실히 매력적이었다. 요염하고 위험한 눈빛은 남자들의 마음을 술렁이게 했다. 하지만 그녀의 실제 사진을 보니 매끈한 체형이라고 말하기는 어렵다는 생각이 든다. 파리 외곽의 여자들을 즐겨 그렸던 화가 툴루즈 로트레크도 그녀의 연인 중 한사람이었다. 그는 〈숙취〉란 제목으로 그녀의 초상화를 남기기도 했다.

수잔 발라동

당대 프랑스의 여러 유명한 화가들의 모델이자 연인이었던
수잔 발라동. 수많은 남성편력과 자유로운 영혼을 지닌
그녀에게 첫눈에 반한 에릭 사티의 사랑은 뜨거웠다.
그래서였는지 짧고 강렬했던 그녀와의 만남은
그에게 유일한 사랑으로 기억되었다.

사티는 수잔을 비키라는 애칭으로 불렀다. 1893년 4월 2일, 부활절이었던 그날 〈봉쥬르 비키 봉쥬르〉라는 성악과 피아노를 위한 소품을 작곡했다. 오선지에는 세피아 잉크로 그녀의 초상화도 그렸다. 하지만 사티의 인생에서 단 한 번의 사랑은 그녀의 변덕과 남성편력에 농락당해 반년도 되지 않아 끝이 났다. 덧붙이자면, 그녀는 화가 위트릴로의 어머니이기도 하다.

1897년, 사티는 같은 디자인의 벨벳 정장을 일곱 벌 구입했다. 이후 7년 동안 계절에 관계없이 이 정장을 맞춰 입었다. 긴 검은 우산을 지팡이처럼 가지고 다닌 그는 '벨벳 신사'라는 애칭을 즐겼다.

파리 남쪽 교외의 아르쾨유에 집을 마련하다

서른두 살이 되어서도 그의 가난한 삶은 변하지 않았다. 그저 조금 더 큰 방으로 옮기기 위해 파리 남쪽 교외의 아르쾨유에 있는 일명 '네 개의 굴뚝 집'의 15호실로 이사했다. 그리고 그는 살아생전에 이 방에 아무도 들이지 않았다고 한다.

도쿄를 파리라고 본다면, 아르쾨유는 도쿄 역에서 시모키타자와 역 혹은 아카바네 역 정도의 거리다. 사티는 이 거리를 매일 걸어 다녔다고 한다. 파리 남쪽 몽파르나스의 카바레라면 못 걸을 정도의 거리는 아니었지만, 북쪽 몽마르트르의 카바레는 상당히 먼 거리였다. 게다가 사티는 한밤중에 이미 만취가 되어 돌아오는 일이 잦았다. 그래서 그는 호신용으로 망치를 휴대했다고 한다. 19세기 후반에는 이미 아르쾨유에서 파리의 중심부로 들어가는 열차가 있었다고 하니, 꼭 매일 걸어 다닌 것은 아니었을지도 모른다.

또한 사티는 아르쾨유의 예의바른 유명인이 긴부로 근무하는 청소년 클럽의 위원이 되었다. 아이들을 위해 무료로 음악 교실을 열거나, 당시에는 아직까지 남아 있던 로마시대의 수도교水道橋에 데리고 간다던지, 궁색한 살림이지만 용돈을 주기도 했다. 한편으로는 가짜 오컬트의 반종교단체 '장미십자단'에 가입하거나, 사회당이나 공산당의 당원이 되기도 했다. 그렇지만 마르크스주의에 대해서는 잘 몰라서 횡설수설했다고 했다.

라벨, 피카소 등 시대를 짊어진
예술가와의 교류

서른아홉이 된 사티는 음악을 다시 배울 것을 결심하고, 국립음악원에 대항하는 또 다른 명문 스콜라 칸토룸에 입학했다. 그곳에서 3년간 이론을 다졌지만, "사티는 이미 훌륭한 음악가였다. 내가 가르쳐 줄 것은 없었다."라고 스승이자 연하의 작곡가 알베르 루셀1869~1937은 말했다.

사실 이 시기에는 이미 사티를 따르는 예술가들이 그를 둘러싸고 있었다. '오케스트라의 마술사'라고 불리는 라벨을 시작으로, 그의 정신을 가장 잘 이어받은 풀랑크 외의 '6인조'라고 이름 붙여진 작곡가들이었다. 피카소나 만 레이, 뒤샹과 같은 미술가들처럼 시대를 짊어진 얼굴들이었다.

쉰한 살이 된 사티는 러시아 발레단을 이끄는 디아길레프의 위촉으로 〈파라드〉를 작곡했다. 대본은 장 콕토, 의상은 피카소가 맡았다. 이 발레 음악의 기발함은 참으로 빼어났다. 여러 번 반복되는 구句, 일반 악기를 섞어 타자기나 사이렌, 뱃고동사티의 출생지는 영국과 프랑스 해협이 맞닿는 아름다운 항구도시 옹플뢰르다, 회전식 추첨기, 마지막에는 권총 발사음까지 표현하며 커다란 이슈를 만들어 낸다. 그야말로 파리의 분주함을 그대로 음악으로 옮겨놓은 작품이었다. 격분한 평론가는 "친애하는 친구여, 그대는 엉덩이멍청이란 의미 그 자체일세. 음치의 엉덩이말야."라고 했다. 이는 소송 문제로까지 커졌지만, 사티가 유치장에 갇히면서 일단락되었다.

사티는 몇 소절을 계속해서 반복하는 〈벡사시옹괴롭힘〉이란 소품을 여러 개 작곡했다. 또한 〈천국의 영웅적인 문의 전주곡〉이란 제목의 피아노곡에는 '자만하지 마'나 '상냥하게'와 같은 연주지시어가 쓰여 있고, 세로줄도 없어 피아니스트가 그때그때의 분위기에 맞추어 즉흥적으로 리듬을 만드는 소품을 쓰기도 했다.

사티가 지향한 '가구 음악'

사티는 흘려들을 수 있는 음악을 작곡하고 싶어 했다. 그는 이것을 '가구 음악'이라고 불렀다.

> 가구 음악을 실현해야 한다. 주위의 잡음과 합쳐져, 그 부분을 계산하여 만든 것 같은 음악이다. 내 생각에 그것은 흐르는 듯한 선율로, 나이프나 포크의 음을 다듬어 가면서도, 그 음을 지배하려고 하거나 무시하려고 하지 않는다. 때에 따라 사람들 사이에 들어가 언제 그랬냐는 듯이 그들에게 고요함을 선사할지도 모른다. 그러면 시시한 세상 이야기를 하지 않아도 될 것이다.

이리하여 질 좋은 배경음악이 파리의 뒷골목에 흐르기 시작했다.

1924년, 사티는 발레 음악 〈금일휴업〉을 작곡했다. 영화감독이었던 르네 클레르는 막간에 영화를 삽입하기로 했다. 아직 무성영화였던 시대에 사티는 각 장면을 하나하나 계산한 최초의 영화음악을 작곡했다.

이 영화에서 사티가 움직이고 있는 유일한 영상을 볼 수 있다. 그가 화가인 피카비아와 함께 관중을 향해 대포를 쏘아 올리는 장면이다. 소탈하고 간간한 사티의 모습을 지금도 생생하게 볼 수 있다. 하지만 사티의 자유분방하고 절제된 생활도 여기까지였다. 오랜 세월에 걸친 가난은 그의 육체를 좀먹고 있었다. 반년에 걸쳐 투병 생활을 하던 사티는 1925년 7월 1일, 59년의 생에 종지부를 찍었다. 그리고 30년간 사랑했던 아르쾨유에 묻혔다.

죽기 일 년 전 사티는 자신의 흉상을 본 떠 자화상을 그리고, '나는 참으로 노쇠한 시대에, 참으로 젊게 태어났다.'라는 비문을 남겼다. 이 비문이야말로 그의 생애와 작품을 말해주는 최고의 주석이 아닐까 생각한다.

아내의 명성에 가려진 남자의 기백

자식 놈이 죽었습니까
이번에는 대체 무엇을 꿈꿨던 것일까요

고집불통이란 말은 이 남자를 위한 것이다. 하루 종일 실험실에 틀어박혀 그다지 도움이 될 것 같지도 않은 연구에 몸을 바친 괴팍스러운 한 남자가 있다. 여자를 멀리했던 이 남자에게 반해 그의 연구를 지원하고, 가사와 육아에도 분주했던 그의 아내도 있다. 노벨상 수상이란 영광의 스토리에서 '좋은 아내, 좋은 엄마, 좋은 연구가'인 아내가 그 누구보다도 뛰어나, 어느 샌가 이 남자의 그림자는 옅어져 있었다. 아내의 뛰어난 발상을 인정하고, 아내의 실험 데이터를 부지런히 기록해 온 이 남자의 인생을 좀 더 알아보자.

2인3각 경기가 아니다. 피에르 퀴리의 외골수 같은 정열이 아내의 영광을 떠받쳐주었다.

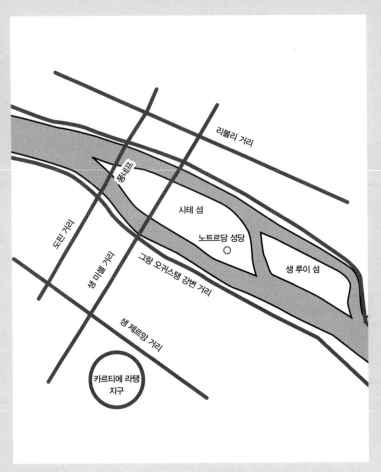

리볼리 거리

퐁뇌프

시테 섬

노트르담 성당
○

생 루이 섬

도핀 거리

미셸 거리

그랑 오귀스탱 강변 거리

생 제르망 거리

카르티에 라탱
지구

피에르 퀴리 관련 지도
20세기 초, 파리

마리 퀴리의 남편, 피에르는 어떤 사람일까

1950년대에 초등학생이었던 내 국어 교과서에는 니노미야 긴지로1945년 이전 소학교 교과서에 메이지 천황 다음으로 많이 등장한 인물로, 도쿠가와 막부 시절의 농촌운동가다가 자취를 감추는 대신, 링컨 대통령이나 노구치 히데요와 함께 퀴리 부인의 일화가 끝을 장식했다.

그리고 퀴리 부인의 고향이 바르샤바라는 것 때문에 폴란드라는 나라의 존재를 알게 되었다. 열다섯 살에 여학교를 졸업하고, 파리로 유학을 가기 위해 가정교사 아르바이트를 하며 학비를 모은 것이나, 엄동설한에 소르본 대학의 수업이 끝나면 학교에서 아파트 다락방까지 쉬지 않고 뛰어와, 거칠게 숨을 몰아쉬면서 1시간 가까이 공부하며 난방비를 절약했다는 등의 이야기들이 실려 있었다. 전쟁이 끝나고 궁핍했던 도쿄의 주택가에서도 이런 광경을 종종 보았기 때문에 퀴리 부인의 이야기는 그리 낯설지 않았다.

게다가 두 번에 걸쳐 노벨상을 수상했을 뿐 아니라, 딸 이렌 졸리오 퀴리 부부도 같은 상을 받는 영예를 얻어 역사상 노벨 과학상을 세 번이나 수상한 집안으로도 많이 알려져 있다. 하지만 이 외길 인생의 엘리트 가족에게 마리 퀴리의 남편, 피에르에 대해서는 별로 이야기할 기회가 없었다. 인생의 절정기에 비극적인 결말을 맞이한 이 남자의 과묵했던 인생도 참으로 대단했다.

아버지와 형의 자유분방한 교육

피에르 퀴리는 아버지 유진 퀴리와 어머니 소피 클레르 퀴리의 차남으로, 1859년 5월 15일 파리에서 태어났다. 개업의였던 아버지는 열렬한 공화주의자로, 2월 혁명에는 솔선하여 바리게이트에서 싸웠다. 1871년 파리 코뮌의 난에는 자택의 아파트를 응급구호실로 만들어 코뮌 측의 부상자를 치료하기도 했다.

당시 열두 살이었던 피에르는 형 자크와 함께 전투지역에 가서 부상자를 발견하여 구호실까지 옮겨왔다고 한다. 철저한 공화주의자였던 아버지는 자식들에게 세례를 받지 못하게 했다. 그렇기 때문에 피에르는 어렸을 때부터 종교적인 영향을 받지 않았다. 교육면에서도 자유를 존중한 아버지는 자신의 원칙에 따라 자식들을 가정에서 교육했다. 피에르는 이런 환경 속에서 자기 나름대로 흥미 있는 것들을 공부할 수 있었다. 그 때문에 기초교육은 약간 편향되어 있었다. 흥미가 있는 자연과학 분야에서는 수준 높은 지식을 가지고 있었지만, 그렇지 않은 분야는 소홀했던 탓에 수년이 흘러도 문법상의 실수가 고쳐지지 않았다고 한다.

정규교육을 받았더라면, 퀴리 형제는 프랑스 이과계의 최고 학부인 에콜 폴리테크니크에도 입학할 수 있었을 것이다. 하지만 반대로 생각하면 그렇지 않았던 탓에 그의 재능은 누구에게도 간섭받지 않고, 자유롭게 날갯짓을 할 수 있었다. 이렇

게 해서 열네 살이 될 때까지 아버지와 네 살 많은 형 자크가
피에르의 선생님이었다.

가정교사가 뛰어난 자질을 발견하며
재능을 꽃피우다

하지만 수학 가정교사로 등장한 알베르 바지유는 피에르에게
멋지게 성장할 수 있는 계기를 만들어 주었다. 바지유는 수학
을 가르치기 시작한 지 얼마 되지 않아 바로 피에르의 심상치
않은 자질을 알아챈다.

피에르의 지능은 마치 이때를 기다리고 있었던 것처럼 경이
적인 발전을 보여주었다. 열여섯 살에 이학부 입학시험에 합
격하여, 소르본 대학에 들어갔다. 그리고 2년 후에 이학사理學士
학위를 취득하고, 대학실험실의 조수가 되었다. 이후 그는 마
치 둑이 터진 것처럼 연이어 독창적인 발견을 발표했다.

처음에는 결정結晶의 대칭성을 연구하다가 광물학의 조수를
하고 있던 형과 함께 공동연구를 진행했다. 결정에 압력을 주
면 전기가 띤다는 사실을 발견하고 그것을 증명했다. 이 측정
을 위해 형제는 수정판水晶板 피에조 전압계를 고안하였고, 형
자크는 박사학위를 취득했다. 그 후 피에르는 단독으로 자성
체磁性體, 자성을 지닌 물질로 자석이 되는 물체 연구를 진행했다. 철과

같은 강한 자성체에 높은 온도를 주면 자성을 잃어버린다는 '퀴리 온도'를 발견하여 압전효과의 연구에도 커다란 업적을 남겼다.

붉은 실로 엮인
피에르와 마리의 만남

실증을 최우선으로 하는 자연과학자가 운명의 '붉은 실'이란 말을 들으면 실소를 금치 못할 것이다. 하지만 피에르와 마리의 만남은 운명의 붉은 실로 엮어 있었다.

　고교 졸업 후 마리는 대학에 다니고 싶었지만, 당시 폴란드의 여성에게 그런 기회는 주어지지 않았다. 또한 생활을 위해서도 그녀는 1886년부터 3년간, 바르샤바 북쪽에 있는 스츠우키의 농장에서 가정교사를 해야만 했다. 하지만 그녀는 먼저 교사의 길을 걷고 있는 형제의 모습을 보며 '나는 다른 사람에게 도움을 주고 싶다. 그것을 실감하고 싶을 뿐이다.'라고 마음속으로 되뇌었다. 그녀는 이렇게 학업에 대해 주체할 수 없는 욕구를 억누르며 괴로운 사춘기를 보내야 했다.

　1891년 10월, 결국 마리는 파리로 나와 소르본에서 물리학과 수학을 공부했다. 세 번의 혁명을 거친 프랑스에서도 여성의 사회 진출은 여전히 어려웠다. 소르본 대학에서 여성의 입학을 인정해준 것도 겨우 19세기 후반의 일이었다. 그녀의 이해력과 탐구심은 여느 남학생보다도 월등히 뛰어났다. 그녀의 이름이 동급생들 사이에서 유명해지는 것은 시간문제였다.

졸업 후, 그녀는 러시아에 의해 부당하게 빼앗긴 조국 폴란드로 돌아가 많은 유능한 폴란드의 젊은이들이 그랬듯이 조국의 독립활동에 몸을 바치려고 했다. 마침 그때, 스츠우키의 농장에서 가정교사를 하던 시기에 알게 된 여성이 폴란드인이자 물리학자인 유제프 코발스키와 결혼하여 파리에 신혼여행을 온 것이다. 피에르의 작업 내용을 알고 있던 코발스키는 마리와 피에르를 만찬에 초대했다.

"제가 방에 들어갔을 때, 피에르 퀴리는 발코니에 나와 유리문틀 쪽에 서 있었습니다. 당시 그는 서른다섯 살이었지만, 제 눈에는 훨씬 젊어 보였습니다. 저는 그의 투명하고 맑은 눈빛과 그에게서 풍기는 부드럽지만 담담함에 심장이 뛰었습니다. 그의 느릿하지만 신중한 단어 선택, 담백함, 예의바름, 거기에 상쾌한 웃음까지. 이것들 모두가 신뢰를 주기에 충분했습니다."라고 마리는 회상했다.
—《피에르 퀴리傳》, 마리 퀴리, 와타나베 사토시 역, 하쿠수이샤

반면에 "여자 따위는 연구에 방해만 될 뿐이다. 평생 결혼은

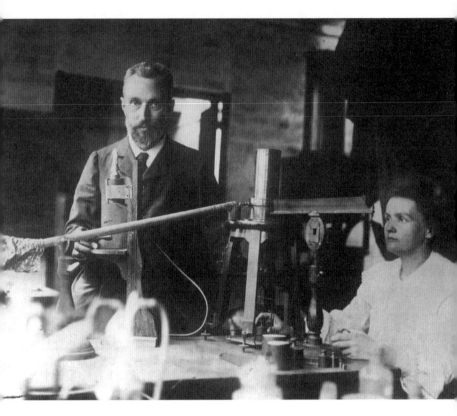

■ 1907년 이전, 파리의 연구실에서 피에르 퀴리와 마리 퀴리
마리 퀴리는 피에르 퀴리 사후, 그를 자상한 남편이자 성실하고
조용한 인품을 지닌 연구자라고 회상하는 짤막한 전기를 남겼다.
아마도 그가 이런 성품을 지녔기에 아내 마리 퀴리를 성심껏 내조할
수 있었던 것이 아니었을까.

하지 않겠다."라고 입버릇처럼 이야기하던 피에르는 이 만남 이후, 마리의 예사롭지 않은 재능에 반했다. 그 둘은 운명의 붉은 실로 단단하게 묶여 있었다.

마리를 지지하며 매일매일
'보이지 않는 에너지'를 계측하다

당시 유럽에서는 유리에 미량의 우라늄 분말을 섞어 만든 우라늄 유리 꽃병이나 창문이 인기였다. 우라늄 꽃병이나 창문에 자외선램프를 비추면 엷은 녹색으로 색이 변했다. 유리 속의 우라늄 미립자가 우라늄에 반응하여 형광색으로 빛나는 것이었다.

이 우라늄의 움직임에 눈을 빼앗긴 사람은 퀴리 부부와 함께 노벨 물리학상을 수상한 앙투안 베크렐이었다. 베크렐은 사진 필름을 보관해 두는 서랍에 우라늄 광석의 분말을 넣자, 빛이 닿지 않았는데도 필름이 감광感光하는 것을 발견했다. 우라늄 광석은 빛이 없어도 빛과 같은 에너지를 만들어낸다는 것을 밝혀낸 것이었다. 하지만 베크렐은 이것으로 연구를 끝냈다. 그것의 원인까지는 알아내려고 하지 않은 것이다.

결혼 후, 마리는 스물아홉에 장녀 이렌을 출산했다. 그리고 출산을 계기로 베크렐의 연구를 발전시켜 박사학위를 따기로 결심했다. 연구의 주제는 사진 필름을 감광시킨 '보이지 않는 에너지'였다. 하지만 육아와 연구를 병행하기란 그리 쉬운 일이 아니었다.

하지만 피에르는 그녀가 연구하는 데 있어서만큼은 전폭적인 지원을 아끼지 않았다. 연구에 필요한 시간을 지켜준 것이다. 두 사람은 매일매일 변변치 않은 연구실에 틀어박혀 실험을 반복했다.

아무것도 하지 않았는데도 '보이지 않는 에너지'는 계속해서 에너지를 방출했다. 마리는 우라늄 광석에서 우라늄을 채취하여 그 에너지를 하나하나 계측했다. 이 계측에서 진가를 발휘한 것이 피에르가 발명한 피에조 전류계였다. 피에르는 하루도 빠짐없이 '보이지 않는 에너지'를 미약한 전류로 계측했다.

마침내 라듐을 발견, 그리고 노벨상 수상

당시 피에조 전류계의 활약은 거의 없었다. 피에르가 취미로 만들어낸 실용성 없는 발명품으로 생각했기 때문이었다. 심지어 다른 사람들은 피에조 전류계의 존재조차도 알지 못했다. 하지만 피에조 전류계의 계측 값에 연구의 모든 것이 걸려 있었다. 게다가 이 계측기를 가지고 있는 것은 피에르뿐이었다. 이렇게 1898년 7월, 두 사람은 우라늄보다도 강력한 에너지를 만들어내는 물질을 발견했다. 이 물질은 마리의 출신지 폴란드에서 이름을 따와 '폴로늄'이라고 불렀다. '보이지 않는 에너지'는 광선 같은 것으로 '방사능'이라고 부르고, 12월에는 우라늄 광석의 부성분 물질을 '라듐'이라고 명명했다.

부부의 발견은 이제까지의 인식을 완전히 바꾸어 놓았다. 당시만 해도 물질의 최소 단위는 원자로, 원자는 절대 변할 수 없다고 여겨졌다. 하지만 두 사람은 '보이지 않는 에너지'는 원자 밖에서 나오고 있다는 것을 발견한 것이다. 그렇다면 어디에서 그 에너지가 나오는 것일까. 두 사람은 원자 자체가 변화하여 에너지를 발산한다는 결론을 내렸다. 물리학의 결정적 패러다임의 대전환이 일어난 순간이었다.

전신이 방사능에 노출되면서까지 계속된 연구에서 폴로늄과 라듐을 발견하며, 1903년 노벨상 수상에 이르는 모든 과정은 이미 사람들에게 잘 알려져 있다. 그리고 두 사람의 업적은 여러 갈래로 갈라져 원자 속의 연구, 원자의 구조 해명 등으로 계속 이어져 갔다. 하지만 피에르와 마리의 영광은 그리 오래 지속되지 않았다.

불의의 죽음, 피에르의 억울함

1906년 4월 19일, 피에르는 논문을 교정하기 위해 출판사에 들렀지만, 공교롭게도 파업 때문에 출판사는 폐쇄되어 있었다. 오후 두 시가 조금 넘은 시간이었고, 줄기차게 퍼붓는 비에 젖지 않으려고 마지못해 우산을 폈다. 센 강 건너편으로 희미하게 보이는 시테 섬을 오른쪽으로 보며, 강변도로를 지나 학사원 쪽으로 발걸음을 재촉했다. 얼마 지나지 않아 퐁네프와 강변도로, 도핀 거리가 교차하는 교차로에 도착했다. 이 부근은 파리에서도 교통이 가장 혼잡한 곳으로 노면전차와 최근에 실용화된 자동차, 임대마차와 말에 탄 사람, 거기에 통행인으로 온통 뒤죽박죽이었다.

피에르가 길을 건너려는 그때, 두 마리의 커다란 페르시아 말이 끄는 9미터 정도의 사륜 운송마차가 군대 제복 물자를 가득 싣고 퐁네프에서 교차로로 들어왔다. 때마침 오른쪽에서 다가오던 노면전차는 운송마차에 길을 양보했다. 운송마차와 반대방향에서 오던 마차가 교차로에서 스치듯 엇갈리며 지나쳤다. 때마침 바삐 걸음을 재촉하던 피에르가 그 마차 뒤편에서 갑자기 나타났다. 피에르는 페르시아 말 중 한 마리의 옆구리에 정면으로 부딪쳤다. 쓰러지지 않으려 허둥대며 말을 잡으려고 했지만, 두 마리의 말이 모두 놀라 앞다리를 들어 올리는 바람에 피에르는 그대로 길 위에 쓰러졌다. 마부도 서둘러 피에르를 피하려고 고삐를 잡아당겼다. 하지만 마차는 갑자기 멈출 수 없었다. 마차의 왼쪽 뒷바퀴가 그의 머리를 쳤고, 6톤에 가까운 중량이 그의 두개골을 순식간에 박살냈다.

그의 가족들에게 슬픈 소식이 전해졌다. 늙은 아버지는 "자식 놈이 죽었습니까. 이번에는 대체 무엇을 꿈꿨던 것일까요."라고 중얼거렸다고 한다. 퀴리 부부가 앙투안 베크렐과 함께 수상한 노벨 물리학상의 영예로부터 3년이 채 되지 않아 생긴 일이었다.

마리 퀴리의 생애는 많은 전기나 영화로 잘 알려져 있지만, 그녀의 연구를 지원했던 피에르의 생애에 대해서는 거의 알려진 것이 없다. 하지만 이 과묵한 남자의 연구 정신이 없었더라면 현대 원자물리학의 발전은 더뎠을 것이다. 전신이 피폭된 자기희생의 교훈이 더욱 살아있었더라면 핵무기나 원전사고의 비극은 일어나지 않았을지도 모른다. 소 잃고 외양간 고치는 일이 일어나지 않아야 할 것이다.

봉인열차
여행

군중은 '만세'를 외치며 그를 맞이했다

소련이 붕괴하고 내정이 끝나고 보니 사회주의의 추태는 백일하에 드러났다. 소련 각지의 마을 광장에 세워져 있던 레닌 동상이 잘려 크레인으로 제거되는 영상이 연일 계속되었다. 이날부터 레닌은 많은 사람들에게 저주의 대상이 되었다. 하지만 제정(帝政) 말기, 러시아가 손 쓸 방도가 없던 전제(專制) 상황을 냉정하게 분석하여 시대를 인위적으로 바꿀 수 있다고 확신하며 그것을 위해 치밀한 계획을 구상한 레닌도 '개척'에 걸맞은 인물일 것이다.

'아마도 살아서 혁명의 결전을 보는
일은 없을 것이다.'라고 탄식한
레닌이지만….

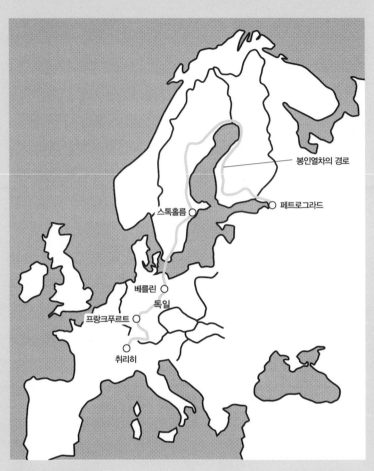

봉인열차의 경로

스톡홀름 ○
○ 페트로그라드

베를린 ○
독일
프랑크푸르트 ○
○
취리히

레닌의 봉인열차 경로
20세기 초, 유럽 각지

망명지 취리히에서의
하릴없는 나날들

레닌은 마흔여섯이라는 비교적 젊은 나이에 이미 머리가 벗겨져 있었다. 날카로운 눈빛만 빼면 노인과 다름없어 보였다. 1917년 1월 9일, 망명지의 임시 거처로 정해진 취리히의 열린 집회에서 레닌은 "우리들 노인은 아마도 살아서 다가오는 혁명의 결전을 볼 수 없을 것이다."라고 비관적으로 연설을 마무리지었다.

제1차 세계대전을 제국주의 전쟁으로 정의하며 "제국주의 전쟁을 내란으로 전환시키자."라고 울부짖었던 이 비범한 선동자의 혁명에 대한 열정은 호언장담의 꿈으로 끝날 것처럼 보였다. 취리히에서 그는 그렇게 주목받는 일 없이 조용한 날들을 보내고 있었다.

마을을 남북으로 가로지르는 리마트 강에 막다른 슈피겔 골목의 깊숙한 곳에는 소시지 공장이 있었다. 그 공장 3층이 부인 크루프스카야와 레닌의 임시 거처였다. 그들이 살고 있는 오래된 마을에는 어느 누구의 관심을 끌만한 것이 없었다. 매일 성실하게 도서관에 가는 것 이외에는 직장을 가진 것도 아닌 단벌 신사의 키 작은 남자가 세계를 뒤흔든 혁명 러시아의 우두머리가 될 것이라고 그 누가 상상이나 할 수 있었을까.

3월 혁명의 발발

1917년 3월 15일, 레닌은 평소와 다름없이 도서관에 갈 준비를 하고 있었다. 그때 얼굴빛이 새파래진 스위스의 사회당원 브론스키가 레닌의 임시 거처로 뛰어들었다.

"러시아에 혁명이 일어났네."

도서관에 가려던 레닌은 놀란 얼굴로 브론스키를 쳐다보았다.

"러시아에 혁명이 일어났어. 그 소식 때문에 온 마을이 들썩이고 있어."

레닌 부부와 브론스키는 허둥지둥 취리히 호숫가에 있는 신문사로 급히 향했다. 숨이 넘어갈 듯 속보를 읽은 레닌은 "훌륭한 뉴스다. 고마운 일이야."라고 좋아했다.

흥분을 가라앉히기도 전에 집에 돌아온 세 사람은 당면한 문제, 이를테면 어떻게 러시아로 돌아갈 것인가와 같은 커다란 문제에 봉착했다. 레닌은 이미 권력 탈환을 빈틈없이 준비했지만, 정작 중요한 귀국 수단까지는 준비하지 못한 것이다.

볼셰비키와 멘셰비키의 대립

러시아는 농노제와 차리즘황제의 절대적 전제권력의 통치하에 시민사회의 형성이 늦어졌다. 헌법이나 의회도 없는 상황에서 궁핍해진 러시아에서도 1898년에 마르크스주의를 내세운 사회민주노동당이 결성되었다.

처음부터 당의 대이론가였던 플레하노프와 레닌의 주장은 심하게 대립했다. 플레하노프는 후진국 러시아가 직면한 혁명은 먼저 차리즘을 타도한 시민혁명이라고 했다. 먼저 부르주아를 중심으로 한 시민사회와 자본주의의 성숙을 달성하고, 그 후에 사회주의 혁명을 실현하자는 것이었다. 그렇기 때문에 러시아 사회민주노동당은 노동자뿐만 아니라 부르주아에게도 열려 있는 정당이 되어야 한다는 것이 그의 주장이었다.

그와 대비되는 레닌도 현재 러시아는 농노제를 힘겹게 이끌어 가고 있는 봉건사회이며, 차리즘을 타도하는 것이 첫 번째 목표이긴 하지만, 동시에 미숙하긴 해도 자본주의와 함께 성장해야 한다고 주장했다. 이러한 불균형 상황을 러시아 사회주의의 실현 조건으로 만들어가야 한다는 것이었다. 따라서 노동자와 농민의 지지에 힘입어, 혁명적인 자당을 가진 사람들을 위한 엄격한 규율이 있는 전위조직으로 당을 만들어야 한다고 주장했다. 시민혁명과 동시에 사회주의 혁명으로 전환할 수 있는 연속 2단계 혁명론을 전개한 것이다. 그리고 플레하노프를 지지한 그룹은 멘셰비키, 레닌을 지지한 그룹은 볼셰비키라고 불렀다.

레닌의 귀국을 누가 허락했는가

제1차 세계대전 발발 당시부터 "제국주의 전쟁을 내란으로 전환시켜라."라고 말하며 혁명적인 패배주의와 즉시 강화講和를 주장했던 레닌의 귀국을 영국과 프랑스가 허락할 리 없었다. 독일도 그와 같은 입장이었을 것이다. 만약 성공적으로 러시아의 국경을 넘었다고 해도, 레닌의 귀국을 누구보다 두려워하는 임시정부가 그를 체포할 것이 뻔했다. 이에 논의는 수일간 계속되었다. 그리고 다람쥐 쳇바퀴 돌듯 진전되는 것은 아무것도 없었다.

그때 러시아에서는 임시정부가 본격적으로 소비에트임시정부에 대항하여 노동자·농민·병사 등으로 구성된 자활기관를 탄압하기 시작했다. 한시라도 빨리 귀국하여 '모든 권력을 소비에트에게로'를 외치지 않으면, 볼셰비키의 권력 탈환의 기회가 다시는 없을 것처럼 보였다. 비합법적인 방법으로라도 돌아가지 않으면 안 되었다. 하지만 딱히 떠오르는 방법은 없었다.

결코 약한 소리를 하는 법이 없던 레닌도 "아마 우리들은 이제 러시아로 돌아갈 수 없을 것이다. 영국이 우리들을 보내주지 않을 거야. 독일의 경우도 실현될 리 없다."라고 자신의 절망감을 동지에게 토로했다. 하지만 이렇게 괴롭고 초조하기만 했던 그들에게 한 줄기의 빛을 안겨 준 것은 마르토프러시아의 정치가이자 사회민주노동당원으로 레닌의 동료였으며, 멘셰비키의 지도자가 되었다였다.

독일이 통행을 허가하다

마르토프는 러시아에 구류된 독일과 오스트리아의 포로를 망명자들의 독일 통행허가와 교환할 것을 제안했다. 비현실적이라며 그 누구도 이 제안에 찬성하지 않았지만, 레닌은 이 제안에 달려들었다. 결국 볼셰비키가 러시아로 돌아가면 전쟁 반대의 목소리가 높아지고, 결과적으로 독일을 돕는 것이 된다는 이유로 독일군과 협상하기로 했다.

레닌은 이 제안에 최후의 바람을 걸었다. 한편 적에게 도움을 받아 귀국하는 것은 조국을 배신하는 것이라는 비판도 있었다. 하지만 레닌은 이것이 조국방위주의이며, 혁명에 대한 배신이라고 논파했다. "자네는 혹시 독일 측이 열차를 제공할 리 없다고 생각하나. 반드시 내줄 걸세. 나와 내기해도 좋아."라고 동지에게 보낸 편지에서 레닌은 평소와는 다르게 자신의 초조함을 내비쳤다.

스위스의 사회민주당원 로베르트 그림과 프리츠 플라텐이 독일과의 교섭을 맡았다. 교섭은 난항이 예상되었지만, 의외로 독일 육군 최고 수뇌인 루덴도르프가 이 제안을 받아들였다. 출발은 3월 27일 월요일로 정해졌다. 출발 준비에 전력을 다하고 있었지만, 독일 정부가 통행허가를 내준 것이 과장되어, 거액의 군자금을 레닌에게 주었다는 흑색선전이 퍼지기 시작했다. 레닌은 단칼에 이를 부정했다.

귀국이 다가오자 레닌은 독일이 자신들에게 터무니없이 요구할 것을 견제하기 위해, 독일 측에게 네 가지 조건을 내놓았다. 자신들이 승차하는 열차에 치외법권을 줄 것, 승하차 시에 여권 및 인물 확인을 하지 않을 것, 여비는 일반요금으로 자신들이 부담할 것, 승하차는 명령에 따르지 않고 또한 자신들도 마음대로 행동하지 않는다는 것이었다. 독일 측도 즉시 이를 수락했다.

　3월 26일, 드디어 독일에서 정식 허가가 내려졌다. "일리치ᄅ레닌는 곧바로 첫 열차로 가자고 말했다. 출발까지 두 시간 밖에 남지 않았다. 두 시간 안에 우리가 쓰던 가구를 모두 처분하고 여주인과 계산을 끝내면, 책을 도서관에 돌려주어야 했다. 출발 준비도 해야 했다."라고 크루프스카야는 당시를 회상했다.

오후 3시 10분, 열차는 움직이기 시작했다

3월 27일, 레닌 부부는 자신들과 함께 귀국하는 동행자들과 오후 2시 30분에 취리히의 레스토랑 '채링어 호프'에서 합류했다. 지노비에프 부부, 칼 라덱 등 스위스 각지에서 귀국자 전원이 모였다. 일행은 그곳에서 독일 공사관과 약속한 여행조항의 양해 각서에 서명을 했다. 그리고 오후 3시, 취리히 중앙역에

도착했다. 역에는 많은 사람들이 마중을 나와 있었다. 그중에는 "스파이 놈들! 독일 염탐꾼!"이라고 소리치는 사람도 있었다. 마침내 기적 소리가 울리고, 오후 3시 10분에 열차가 움직이기 시작했다.

열차는 독일 국경 샤프하우젠에 도착했다. 그들은 즉시 독일이 제공한 차량으로 갈아탔다. 이 차량이 일명 봉인열차였다. 봉인열차라고 해도 호송열차처럼 철창으로 채워져 있는 것이 아닌 일반 열차였다. 네 개의 모든 문이 엄중히 잠겨 있었기 때문에 봉인열차라고 불렀다.

독일에 들어간 일행은 열차 안에서 화려한 정찬을 제공받았다. 그러나 불안감이나 기대감으로 식사를 할 수 있는 사람은 아무도 없었다. 프랑스의 저널리스트는 이 사건을 가리켜 '왕후 수준의 호화스러운 여행'이란 독한 제목의 조작 기사를 썼다. 레닌이 얼마나 속물적인지를 보여주려고 한 것이었다. 하지만 실제로 일행들은 삼등차량에 탔다고 한다.

열차는 순조롭게 움직였다. 독일 당국에서 우선통행권을 주었기 때문에, 봉인열차를 먼저 보내기 위해 독일 황태자의 열차도 두 시간이나 연착되었다고 한다. 슈투트가르트 다음으로 만하임을 문제없이 통과했다. 시종일관 자신의 객실에 들어가 나오지 않던 레닌을 제외하고 다른 일행들에게는 안도감이 퍼졌다. 그 때문인지 프랑크푸르트에 도착했을 때 사소한 해프

닝이 일어났다. 역에서 잠시 대기하는 시간을 이용하여, 인솔자인 플라텐이 맥주와 신문을 사려고 플랫폼에 내렸다. 엄중히 봉인돼 있어야 할 문 하나가 열려 있었던 것이다. 라덱도 그 기회를 놓치지 않고 플랫폼에 내려왔다. 규칙 위반에도 불구하고 독일인들에게 열렬한 인사를 보낸 라덱은 열차가 움직이기 시작한 뒤에도 인사를 멈추지 않았다.

열차는 베를린에서 몇 시간 동안 정차했다. 그 틈을 타 독일 사회민주당원 몇 명이 승차했지만, 면회는 허용되지 않았다. 3월 30일, 열차는 발트 해의 뤼겐 섬에 있는 종착역 자스니츠에 도착했다. 공식적인 봉인열차의 여행은 이곳에서 끝났다.

페트로그라드에 내려 선 레닌

러시아령인 폴란드만 통과하면 시간을 더욱 단축시킬 수 있었다. 하지만 위험한 최전선인 폴란드를 통과할 수는 없었다. 일행은 연락선으로 발트 해를 건너, 스웨덴의 트렐레보리에 상륙했다. 이곳에서 동지가 미리 준비해놓은 차를 타고 말뫼로 향했다. 말뫼에서 갈아탄 열차에서 하룻밤을 보내고 스톡홀름에 도착한 것은 3월 21일이었다.

스톡홀름에서 레닌은 처음으로 자유롭게 행동했다. 양복 한

벌과 구두 한 켤레그는 그곳까지 등산화를 신고 있었다., 그리고 우산을 한 개 구입했다. 그리고 드디어 여행은 막바지에 접어들었다.

4월 1일 아침, 스톡홀름에서 멀어진 열차는 러시아령 핀란드로 향했다. 4월 2일, 열차는 핀란드의 국경 토르니오에 도착했고, 여기서부터는 러시아 영토였다. 따라서 더 이상 독일 정부의 보호를 받을 수 없었다.

일행은 이곳에서 러시아의 삼등차량으로 갈아탔다. 임시정부에 체포될 위험이 있었지만, 일행을 기다린 혁명파의 병사와 노동자들이 합류하며 호위를 자청했다. 목적지인 수도까지는 앞으로 하룻밤이 남았다. 크루프스카야는 고향을 그리는 마음을 억누를 수 없어 차창에서 눈을 떼지 못했다고 한다.

4월 2일 오전 11시 10분, 혁명 러시아의 두뇌를 태운 열차는 페트로그라드의 핀란드역으로 미끄러지듯이 들어갔다. 크론시타트의 해군이 엄중하게 호위하는 가운데, 레닌의 작은 몸이 삼등차량의 갑판 위에 등장하자 군중은 '만세!'를 외치며 그를 맞이했다.

블라디미르 일리치 울리야노프 레닌, 그의 마흔일곱 번째 생일을 일주일 앞둔 날이었다. 그가 호언장담하던 권력 탈환의 꿈도 실현되려고 하고 있었다.

마이너리티
세계사
역사에 소외된
천재, 기인들의 세계

초판1쇄 발행 2014년 1월 20일
초판3쇄 발행 2018년 11월 1일

지은이 츠루오카 사토시
옮긴이 윤새라
펴낸이 김지훈
펴낸곳 도서출판 어젠다

출판등록 2012년 2월 9일 (제406-2012-000007호)
주　소 경기도 파주시 광인사길 217(파주출판도시)
전　화 (031)955-5897 | 팩스 (031)945-8460
이메일 agendabooks@naver.com

ⓒ 츠루오카 사토시, 2014

ISBN 978-89-97712-12-0 03900
이 도서의 국립중앙도서관 출판시도서목록(CIP)은 e-CIP홈페이지(http://www.nl.go.kr/ecip)와
국가자료공동목록시스템(http://www.nl.go.kr/kolisnet)에서 이용하실 수 있습니다.(CIP제어번호: CIP2014000997)